아이가 주인공인 책

아이는 스스로 생각하고 매일 성장합니다.
부모가 아이를 존중하고 그 가능성을 믿을 때
새로운 문제들을 스스로 해결해 나갈 수 있습니다.

〈기적의 학습서〉는 아이가 주인공인 책입니다.
탄탄한 실력을 만드는 체계적인 학습법으로
아이의 공부 자신감을 높여 줍니다.

아이의 가능성과 꿈을 응원해 주세요.
아이가 주인공인 분위기를 만들어 주고,
작은 노력과 땀방울에 큰 박수를 보내 주세요.
〈기적의 학습서〉가 자녀 교육에 힘이 되겠습니다.

미래의 내 모습 그리고 설명하기

나는 식당을 열어
서 고아원 아이들을 그리고
도와 줄겁니다.
아이들이되어 웃지 해줄겁니다
성우도되어 어린아들 웃게 해줄거예

조심조심 착은히 통고
해야된다.

숙제가 하기 싫어 는데 매미소리덕에
한 결 기운이좋아졌다

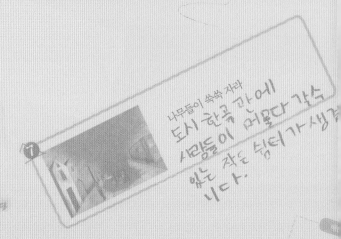

나무들이 쑥쑥 자라
도시 한곳 간에
사람들이 머물다 가속
없는 작은 됨터가 생겼
니다.

빨리 태워

다섯친구들은 아주 용감하
다. 다섯친구들 ◯ ☒ ☺
너무 좋다.

어이없이 소원을빌어요
이제 나무를 잘 패세요.

그 다섯 명이
셀줄도 모르고
덤벼서 너무 아
프고 억울해
또 만나면
내줄거야
호랑이

언제	새벽 5시에
어디에서	집에서
누구와	나와
무슨 일	더위서 새벽5시에 일어났어

[기적의 독서 논술] 샘플을 먼저 경험한 전국의 주인공들

강민준　공현욱　구민서　구본준　권다은　권민재　김가은　김규리　김도연　김서현　김성훈
김윤아　김은서　김정원　김태완　김현우　남혜인　노윤아　노혜욱　류수영　박선율　박세은
박은서　박재현　박주안　박채운　박채환　박현우　배건웅　서아영　손승우　신예나　심민규
심준우　양서정　오수빈　온하늘　원현정　유혜수　윤서연　윤호찬　이　솔　이준기　이준혁
이하연　이효정　장보경　전예찬　전헌재　정윤서　정지우　조연서　조영민　조은상　주하림
지예인　진하윤　천태희　최예린　최정연　추예은　허준석　홍주원　홍주혁

"
고맙습니다.
우리 친구들 덕분에 이 책을 잘 만들 수 있었습니다.
"

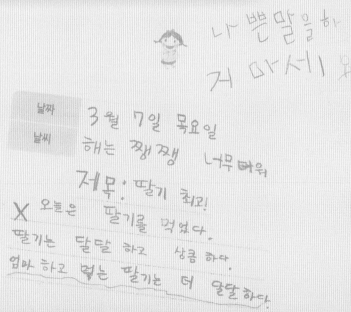

안녕? 난 **뚱**이라고 해. 2019살이야.
디자이너 비따쌤이 만들었는데, 길벗쌤이 날 딱 보더니 엉뚱한 생각을 많이 할 것 같다고
'뚱'이란 이름을 지어 줬어. (뚱뚱해서 지은 거 아니야! 화났뚱) 나는 이 책에 가끔 나와.
새싹뚱, 글자뚱, 읽는뚱, 쓰는뚱, 생각뚱, 탐구뚱, 박사뚱, 말뚱, 놀뚱, 쉴뚱! (💩 **똥** 아니야! 잘 봐~)
너희들 읽기도 쓰기도 하는 둥 마는 둥 할까 봐 내가 아주 걱정이 많아. 그래서 살짝뚱 도와줄 거야.
같이 해 보자고!! 뚱뚱~~

초등 문해력, 쓰기로 완성한다!

기적의
독서 논술

길벗스쿨

기적의 독서 논술 12 초등 6학년

초판 1쇄 발행 2020년 2월 2일
개정 1쇄 발행 2024년 4월 11일

지은이 기적학습연구소
발행인 이종원
발행처 길벗스쿨
출판사 등록일 2006년 6월 16일
주소 서울시 마포구 월드컵로 10길 56(서교동 467-9)
대표 전화 02)332-0931 | **팩스** 02)323-0586
홈페이지 www.gilbutschool.co.kr | **이메일** gilbut@gilbut.co.kr

기획 신경아(skalion@gilbut.co.kr) | **책임 편집** 박은숙, 유명희, 이은정
제작 이준호, 손일순, 이진혁 | **영업마케팅** 문세연, 박선경, 박다슬 | **웹마케팅** 박달님, 이재윤, 나혜연
영업관리 김명자, 정경화 | **독자지원** 윤정아

디자인 디자인비따 | **전산편집** 디그린, 린 기획
편집 진행 이은정 | **교정 교열** 백영주
표지 일러스트 이승정 | **본문 일러스트** 이주연, 루인, 조수희, 백정석, 김지아
CTP출력 및 인쇄 교보피앤비 | **제본** 경문제책

ISBN 979-11-6406-690-2 64710
(길벗스쿨 도서번호 10950)
정가 13,000원

독자의 1초를 아껴주는 정성 길벗출판사

길벗스쿨 | 국어학습서, 수학학습서, 유아학습서, 어학학습서, 어린이교양서, 교과서
길벗 | IT실용서, IT/일반 수험서, IT전문서, 경제실용서, 취미실용서, 건강실용서, 자녀교육서
더퀘스트 | 인문교양서, 비즈니스서
길벗이지톡 | 어학단행본, 어학수험서

'읽다'라는 동사에는 명령형이 먹혀들지 않는다.

 이를테면 '사랑하다'라든가 '꿈꾸다' 같은 동사처럼,

 '읽다'는 명령형으로 쓰면 거부 반응을 일으키는 것이다. 물론 줄기차게 시도해 볼 수는 있다.

 "사랑해라!", "꿈을 가져라."라든가, "책 좀 읽어라, 제발!", "너, 이 자식, 책 읽으라고 했잖아!"라고.

 효과는? 전혀 없다.

– 『다니엘 페나크, 〈소설처럼〉 중에서 』

　이 책을 기획하면서 읽었던 많은 독서 교육 관련 책 중에 가장 기억에 남는 구절이었습니다. 볼거리와 놀거리가 차고 넘치는 세상에서 아이들에게 그럼에도 불구하고 '독서가 답이야.'라고 말해 주고 싶어서 이 책을 기획했습니다. 그래서 어떻게 하면 '독서(읽다)와 논술(쓰다)'이라는 말이 명령형처럼 들리지 않을까 고민했습니다. '혼자서도 할 수 있어.'에서 '같이 해 보자.'로 방법을 바꿔 제안합니다.

　독서도 연산처럼 훈련이 필요한 학습입니다. 글자를 뗀 이후부터 혼자서 책을 척척 찾아 읽고, 독서 감상문도 줄줄 잘 쓰는 친구가 있을까요? 처음에는 쉽지 않습니다. 초보 독서에서 벗어나 능숙한 독서가로 성장하기 위해서는 무릎 학교 선생님(부모님)의 도움이 필요합니다. 가랑비에 옷 젖듯, 매일 조금씩 천천히 함께 책 읽는 시간을 가져 보세요. 그리고 읽은 것에 대해 이런저런 대화를 나누어 보세요. 함께 책을 읽는 연습이 되어야 생각하는 힘이 생기고, 자기 생각을 표현하는 방법도 깨우치게 됩니다.

　아이가 잘 읽고 있다고 생각할 수 있지만, 내용을 금방 파악하기 어려울 수 있습니다. 이럴 때 부모님께서 함께 글의 내용을 떠올려 봐 주시고, 생각의 물꼬를 터 주신다면 아이들은 쉽게 글 속으로 빠져들게 될 것입니다.

　생각을 표현하는 것 또한 녹록지 않을 수 있습니다. 처음부터 완벽한 문장으로 쓰기를 기대하지 마세요. 읽는 것만큼 쓰는 것도 자주 해 봐야 늡니다. 쓰기를 특히 어려워한다면 말로 표현해 보라고 먼저 권유해 주세요. 한 주에 한 편씩 읽고 쓰고 대화하는 동안에 공감 능력과 이해력이 생기고, 생각하고 표현하는 능력이 향상될 것입니다.

　초등 공부는 읽기로 시작해서 쓰기로 완성됩니다. 지금 이 책이 그 효과적인 독서 교육 방법을 제안합니다. 이 책을 선택하신 무릎 학교 선생님, 우리 아이에게 딱 맞는 독서 교육가가 되어 주십시오. 아이와 함께 할 때 효과는 배가 될 것입니다.

2020. 2
기적학습연구소 일동

어떤 책인가요?

〈기적의 독서 논술〉은 매주 한 편씩 깊이 있게 글을 읽고 생각을 쓰면서 사고력을 키우는 초등 학년별 독서 논술 프로그램입니다.

눈에만 담는 독서에서 벗어나, 읽고 떠오르는 생각과 감정을 밖으로 표현해 보세요. 매주 새로운 글을 통해 생각 훈련을 하다 보면, 어휘력과 독해력은 물론 표현력까지 기를 수 있습니다. 예비 초등을 시작으로 학년별 2권씩, 총 14권으로 구성되어 있습니다.

* 초등 고학년(5~6학년)을 대상으로 한 〈기적의 역사 논술〉도 함께 출시되어 있습니다. 〈기적의 역사 논술〉은 매주 한 편씩 한국사 스토리를 통해 역사적 맥락을 이해하고, 그 의미를 파악하며 생각을 써 보는 통합 사고력 프로그램입니다.

1 학년(연령)별 구성

학년별 2권 구성

한 학기에 한 권씩 독서 논술을 테마로 학습 계획을 짜 보는 것은 어떨까요?

독서 프로그램 차등 설계

읽기 역량을 고려하여 본문의 구성도 차등 적용하였습니다.

예비 초등과 초등 1학년은 짧은 글을 중심으로 장면별로 끊어 읽는 독서법을 채택하였습니다. 초등 2~4학년은 한 편의 글을 앞뒤로 나누어 읽도록 하였고, 초등 5~6학년은 한 편의 글을 끊지 않고 쭉 이어서 읽도록 하였습니다. 글을 읽은 뒤에는 글의 내용을 확인 정리하면서 생각을 펼칠 수 있도록 설계하였습니다.

> **선택 팁** 단계별(학년별)로 읽기 분량이나 서술·논술형 문제에 난이도 차가 있습니다. 아이 학년에 맞게 책을 선택하시되 첫 주의 내용을 보시고 너무 어렵겠다 싶으시면 전 단계를, 이 정도면 수월하겠다 싶으시면 다음 권을 선택하셔서 학습하시길 추천드립니다.

2 읽기 역량을 고려한 다채로운 읽기물 선정 (커리큘럼 소개)

권	주	읽기물	주제	장르	비고	특강
3	1	당신이 하는 일은 모두 옳아요	믿음	명작 동화	인문, 사회	부탁하는 글 편지
	2	바깥 활동 안전 수첩	안전 수칙	설명문	사회, 안전	
	3	이르기 대장 나최고	이해, 나쁜 습관	창작 동화	인문, 사회	
	4	우리 땅 곤충 관찰기	여름에 만나는 곤충	관찰 기록문	과학, 기술	
4	1	고제는 알고 있다	친구 이해	창작 동화	인문, 사회	책을 소개하는 글 관찰 기록문
	2	여성을 위한 변호사 이태영	위인, 남녀평등	전기문	사회, 문화	
	3	염색약이냐 연필깎이냐, 그것이 문제로다!	현명한 선택	경제 동화	사회, 경제	
	4	내 직업은 직업 발명가	직업 선택	지식 동화	사회, 기술	
5	1	지하 정원	성실함, 선행	창작 동화	사회, 철학	독서 감상문 제안하는 글
	2	내 친구가 사는 곳이 궁금해	대도시와 마을	지식 동화	사회, 지리	
	3	팥죽 호랑이와 일곱 녀석	배려와 공감	반전 동화	인문, 사회	
	4	수다쟁이 피피의 요란한 바다 여행	환경 보호, 미세 플라스틱 문제	지식 동화	과학, 환경	
6	1	여행	여행, 체험	동시	인문, 문화	설명문 시
	2	마녀의 빵	적절한 상황 판단	명작 동화	인문, 사회	
	3	숨바꼭질	자존감	창작 동화	사회, 문화	
	4	한반도의 동물을 구하라!	한반도의 멸종 동물들	설명문	과학, 환경	
7	1	작은 총알 하나	전쟁 반대, 평화	창작 동화	인문, 평화	기행문 논설문
	2	백제의 숨결, 무령왕릉	문화 유산 답사	기행문	역사, 문화	
	3	돌멩이 수프	공동체, 나눔	명작 동화	사회, 문화	
	4	우리 교실에 벼가 자라요	식물의 한살이	지식 동화	과학, 기술	
8	1	헬로! 두떡 마켓	북한 주민 정착	창작 동화	사회, 문화	기사문 연설문
	2	2005 스탠퍼드대학교 졸업식 연설문	끊임없는 도전 정신	연설문	과학, 기술	
	3	피부색으로 차별받지 않는 무지개 나라	편견과 차별	지식 동화	문화, 역사	
	4	양반전	위선과 무능 풍자	고전 소설	사회, 문화	
9	1	욕심꾸러기 거인	나눔과 베풂	명작 동화	인문, 사회	주제별 글쓰기
	2	구둣방 아저씨 외	작은 것에도 감사하는 마음	수필	사회, 기술	
	3	행복의 꽃	행복에 대한 고찰	소설	사회, 철학	
	4	세상에 이런 한자가	재미있는 한자	설명문	언어, 사회	
10	1	발명 이야기	라면과 밴드 반창고의 발명 과정	설명문	과학, 기술	주제별 글쓰기
	2	아버지의 생일 외	효심	수필	사회, 문화	
	3	임금님께 바치는 북학의	수레와 거름에 대한 생각	논설문	경제, 환경	
	4	어린이 찬미	어린이의 아름다움	수필	인문, 철학	
11	1	크리스마스 선물	진정한 사랑, 행복의 조건	소설	인문, 사회	주제별 글쓰기
	2	아는 것과 실천하는 것 외	정의, 희생, 인간 사랑	논설문	사회, 철학	
	3	사람을 대할 때 외	사람을 대하는 예절	논설문	사회, 문화	
	4	하늘에서 내려온 아이 외	생명 존중	수필	인문, 철학	
12	1	게으름 귀신을 보내는 글 외	게으름에 대한 고찰	고전 수필	철학, 문화	주제별 글쓰기
	2	모나리자	「모나리자」	설명문	예술, 과학	
	3	갓	갓에 대한 고찰	고전 수필	사회, 역사	
	4	동백꽃	산골 젊은 남녀의 순수한 사랑	소설	인문, 사회	

3 어휘력 + 독해력 + 표현력을 한번에 잡는 3단계 독서 프로그램

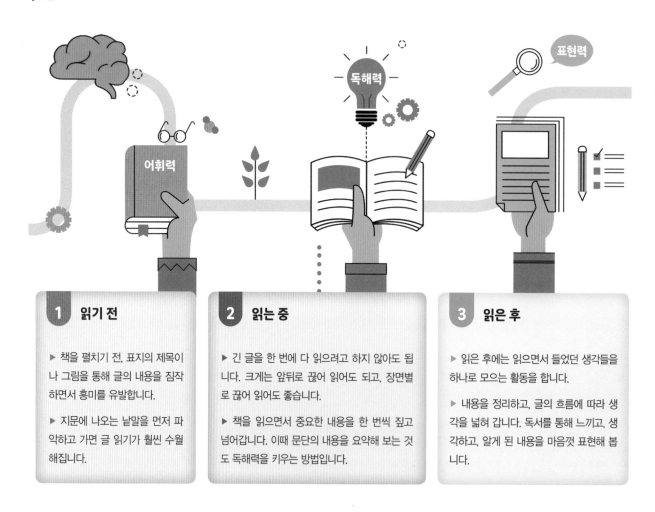

1 읽기 전

▶ 책을 펼치기 전, 표지의 제목이나 그림을 통해 글의 내용을 짐작하면서 흥미를 유발합니다.

▶ 지문에 나오는 낱말을 먼저 파악하고 가면 글 읽기가 훨씬 수월해집니다.

2 읽는 중

▶ 긴 글을 한 번에 다 읽으려고 하지 않아도 됩니다. 크게는 앞뒤로 끊어 읽어도 되고, 장면별로 끊어 읽어도 좋습니다.

▶ 책을 읽으면서 중요한 내용을 한 번씩 짚고 넘어갑니다. 이때 문단의 내용을 요약해 보는 것도 독해력을 키우는 방법입니다.

3 읽은 후

▶ 읽은 후에는 읽으면서 들었던 생각들을 하나로 모으는 활동을 합니다.

▶ 내용을 정리하고, 글의 흐름에 따라 생각을 넓혀 갑니다. 독서를 통해 느끼고, 생각하고, 알게 된 내용을 마음껏 표현해 봅니다.

예비 초등～1학년의 독서법

읽기 능력을 살리는 '장면별 끊어 읽기'

창작/전래/이솝 우화 등 짧지만 아이들의 감성을 자극하고 공감을 끌어낼 수 있는 이야기글을 수록하였습니다. 어린 연령일수록 읽기에 대한 거부감을 줄이고, 독서에 대한 재미를 더합니다.

2학년 이상의 독서법

사고력과 비판력을 키우는 '깊이 읽기'

동화뿐 아니라 시, 전기문, 기행문, 설명문, 연설문, 고전 등 다양한 갈래를 다루고 있습니다. 읽기 능력 신장을 위해 저학년에 비해 긴 글을 앞뒤로 나누어 읽거나 끊지 않고 한 번에 쭉 이어서 읽어 봅니다. 흥미로운 주제와 시공간을 넘나드는 폭넓은 소재로 아이들의 생각을 펼칠 수 있게 하였습니다.

4 사고력 확장을 위한 서술·논술형 문제 출제

공감적 사고 | 논리적 사고 | 균형적 사고 | 창의적 사고 | 비판적 사고

초등학생에게 논술은 '생각 쓰기 연습'에 해당합니다.

교육 평가 과정이 객관식에서 주관식 평가로 점차 변화하고 있습니다. 학교에서는 지필고사를 대신한 수행평가가 수시로 이루어지고 있습니다. 정오답을 찾는 단선적인 객관식보다 사고력을 평가할 수 있는 주관식의 비율이 높아지고, 국어뿐 아니라 수학, 사회, 과학 등 서술형 평가가 확대되고 있습니다. 이런 평가를 대비하여 글을 읽고, 생각을 표현하는 방법을 다각도로 훈련할 수 있도록 구성하였습니다.

이 책에서 출제된 서술·논술형 문제 유형은 다음과 같습니다.

> "만약에 나라면 어떻게 했을지 쓰세요." 균형, 비판

> "왜 그런 행동(말)을 했을지 쓰세요." 공감, 논리

> "다음과 같은 상황에 처했을 때 주인공은 어떻게 했을지 쓰세요." 창의, 비판

> "등장인물에게 나는 어떤 말을 해 주고 싶은지 쓰세요." 공감, 균형

> "A와 B의 비슷한(다른) 점은 무엇인지 쓰세요." 논리, 비판

글을 읽을 때 생각이 자라지만, 생각한 바를 표현할 때에도 사고력은 더 확장됩니다. 꼼꼼하게 읽고, 중간중간 내용을 확인한 후에 전체적으로 읽은 내용을 정리해 봄으로써 생각을 다듬고 넓혀 갈 수 있습니다. 한 편의 글을 통해 주인공의 입장이 되어 보기도 하고, '나라면 어땠을까?'를 생각해 보는 연습이 논술에 해당합니다. 하나의 주제를 담고 있는 글을 읽고 내용의 옳고 그름을 판단하기도 하고, 글의 전체적인 맥락을 파악함으로써 논리적이고 비판적인 사고를 할 수 있습니다.

지도팁 장문의 글을 써야 하는 논술 문제는 없지만, 자신의 생각을 마음껏 표현할 수 있게 유도해 주세요. 글로 바로 쓰는 게 어렵다면 말로 표현해 볼 수 있도록 지도해 주시기 바랍니다. 말로 표현한 것을 문장으로 다듬어 쓰다 보면, 생각한 것이 어느 정도 정리됩니다. 여러 번 연습한 후에 논리가 생기고, 표현력 또한 자라게 될 것입니다. 다소 엉뚱한 대답일지라도 나름의 논리와 생각의 과정이 건강하다면 칭찬을 아끼지 마십시오.

이렇게 활용하면 좋아요!

6학년을 위한 **11**권 / **12**권

6학년이면 이제 글줄이 많은 글을 끊지 않고 읽을 수 있어야 합니다.
이야기책뿐만 아니라 다양한 정보를 제공하고 다양한 생각을 할 수
있게 하는 비문학 글을 많이 읽는 것이 좋습니다.

관심 있는 주제의 이야기를 읽은 후에는
관련 도서를 더 찾아보는 것을
추천합니다.

🌸 공부 계획 세우기

13쪽
권별 전체 학습 계획

**주차 학습
시작 페이지**
주별 학습 확인

한 주에 한 편씩, 5일차 학습 설계

학습자의 읽기 역량에 따라 하루에 1~2일차를 이어서 할 수도 있고, 1일차씩 끊어서 학습할 수도 있습니다.
계획한 대로 학습이 이루어졌는지 자기 점검을 꼭 해 보세요.

🌸 학년별 특강 [주제별 글쓰기]

일상생활에서 한 번쯤 생각해 봐야 하는 주제나 철학적인 질문을 제시합니다.
주어진 주제와 관련된 몇 가지 자료를 읽어 보고, 중요한 내용을 요약·정리해 봅니다.
마지막으로 주제에 관한 나의 생각을 정하여 한 편의 글을 완성함으로써 논리력과 글쓰기 실력을 강화할 수 있습니다.

✏️ **지도팁** 쓰기에 취약한 친구들은 단계적으로 순서를 밟아 쓸 수 있도록 해 주세요.

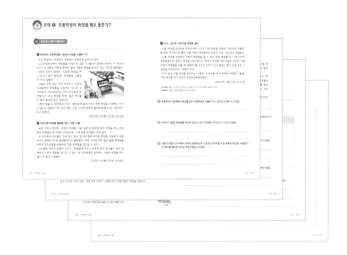

🌸 온라인 제공 [독서 노트]

길벗스쿨 홈페이지(www.gilbutschool.co.kr) 자료실에서 독서 노트를 내려받아 활용할 수 있습니다. 책을 읽고 느낀 점이나 인상 깊었던 점을 간략하게 쓰거나 그리고, 재미있었는지도 스스로 평가해 봅니다. 이 책에 제시된 글뿐만 아니라 추가로 읽은 책에 대한 독서 기록을 남길 수도 있습니다.

▶**길벗스쿨 홈페이지**
독서 노트 내려받기

매일 조금씩 책 읽는 습관이
아이의 사고력을 키웁니다.

🌸 3단계 독서 프로그램

① 읽기 전

1주 1일차

생각 열기

읽게 될 글의 그림이나 제목과
관련지어서 내용을 미리 짐작해 본다거나
배경지식을 떠올리면서 읽는 목적을
분명히 하는 활동입니다.

② 읽는 중

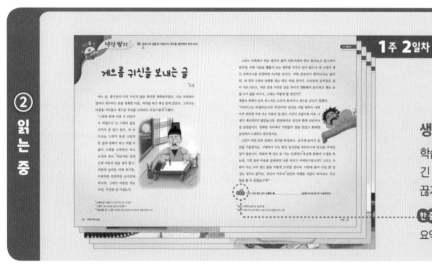

1주 2일차

생각 쌓기

학습자의 읽기 역량에 따라
긴 글을 전후로 크게 나누어 읽거나
끊지 않고 쭉 이어서 읽어 봅니다.

한줄톡! 은 읽은 글의 내용을 한 문장으로
요약해 보는 활동입니다.

③ 읽은 후

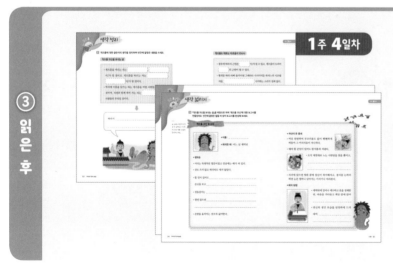

1주 4일차

생각 정리

글의 내용을 한눈에 정리해 보는 활동입니다.
장면을 이야기의 흐름대로 정리해 볼 수도
있고, 주요 내용을 채워서 이야기의
흐름을 완성할 수도 있습니다.

생각 넓히기

다양한 사고력을 필요로 하는 서술·논술형
문제들입니다. 글을 읽고 생각한 바를
다양한 방법으로 표현해 볼 수 있습니다.

어휘력 쑥쑥!

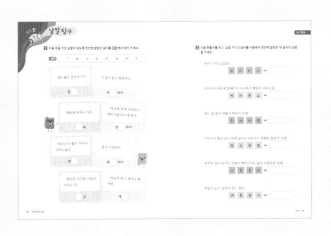

낱말 탐구

글에 나오는 주요 어휘를
미리 공부하면서 읽기를 조금 더 수월하게
이끌어 갑니다. 뜻을 모를 때에는
가이드북을 참고하세요.

1주 3일차

독해력 척척!

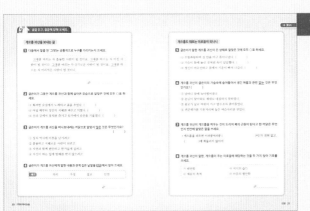

내용 확인 (독해)

가장 핵심적인 독해 문제만 실었습니다.
글을 꼼꼼하게 읽었는지 확인할 수 있습니다.

표현력 뿜뿜!

1주 5일차

배경지식 탐구 / 쉬어가기

읽은 글의 내용과 관련된 배경지식을
담았습니다. 주제와 연관된 추천 도서도
살펴볼 수 있습니다. 잠깐 쉬면서
머리를 식히는 코너도 마련했습니다.

독서 노트

읽은 책에 대한 감상평을 남겨 보세요.
별점을 매기며 종합적으로 평가해
보는 것도 좋습니다.

차례

* 한 주에 한 편씩 계획을 세워 독서 다이어리를 완성해 보세요.

자유롭게
적어 봐~

주차별	읽기 전	읽는 중	읽은 후	
글의 제목	생각 열기 낱말 탐구	생각 쌓기 내용 확인	생각 정리 생각 넓히기	독서 노트
예 ○주 글의 제목을 쓰세요.	3/3 😖 낱말이 어렵다 ㅠ-ㅠ	3/5	3/6 ★ (문제 다 맞음!) ★ ★ ★	3/7 /
	/	/	/	/
	/	/	/	/
	/	/	/	/
	/	/	/	/

🐷 주 제 별 글 쓰 기

주제 1	자료 읽고 생각 떠올리기	다양한 의견 알아보기	주제에 맞게 글 쓰기
	/		/

주제 2	자료 읽고 생각 떠올리기	다양한 의견 알아보기	주제에 맞게 글 쓰기
	/		/

1주

고전 수필 철학, 문화

독서논술계획표

❯ 다음 단계에 맞게 공부한 날짜를 쓰세요.

*게으름 귀신을 보내는 글

임제

*게으름도 때로는 이로움이 되나니

성현

생각 열기

1 옛날 사람들은 게으름을 피우게 하거나 졸음이 쏟아지게 하는 귀신이 있다고 생각했어요. 그 귀신들의 모습을 상상하여 그리고, 이름을 지어 빈 칸에 쓰세요.

●●●

상상력을 발휘하여 귀신의 모습을 재미있게 표현해 보고, 특징에 어울리는 이름을 떠올려 보세요.

게으름 피우게 하는 귀신

졸리게 하는 귀신

2 마음 편한 가난뱅이와 걱정 많은 부자는 얼마나 행복할까요? 내가 생각하는 행복의 정도를 눈금에 ○표 하고, 그렇게 생각하는 까닭을 쓰세요.

• • •
마음 편한 가난뱅이와 걱정 많은 부자 가운데 누가 더 행복할까요? 가난뱅이와 부자가 얼마큼 행복할지 생각해 보고, 그렇게 생각하는 까닭을 써 보세요.

1 다음 뜻을 가진 낱말이 되도록 빈칸에 알맞은 글자를 보기 에서 찾아 쓰세요.

보기　　고　물　상　음　전　절　제　초

매우 짧은 동안의 시간.

촌 ☐

인정이 없고 쌀쌀하다.

박 ☐ 하다

재물을 탐내는 마음.

☐ 욕

격식에 맞게 차려입고 매무시를 바르게 하다.

정 ☐ 하다

전보다 더 좋은 자리나 직위로 옮김.

영 ☐

즐겨 구경하다.

완 ☐ 하다

예전과 지금을 아울러 이르는 말.

☐ 금

하늘과 땅이 생겨난 맨 처음.

태 ☐

2 다음 뜻풀이를 보고, 낱말 카드의 글자를 이용해서 빈칸에 알맞은 네 글자의 낱말
을 쓰세요.

여러 가지의 잘잘못.

| 비 | 시 | 비 | 시 | ➡ | |

격식이나 관습에 얽매이지 아니하고 행동이 자유로움.

| 방 | 자 | 분 | 유 | ➡ | |

하는 일 없이 세월만 헛되이 보냄.

| 송 | 세 | 허 | 월 | ➡ | |

이리저리 왔다 갔다 하며 일이나 나아가는 방향을 종잡지 못함.

| 왕 | 우 | 좌 | 왕 | ➡ | |

완전히 잠이 들지도 잠에서 깨어나지도 않은 어렴풋한 상태.

| 사 | 몽 | 몽 | 비 | ➡ | |

벼슬이 높고 권세가 있는 집안.

| 세 | 문 | 권 | 가 | ➡ | |

생각 쌓기

💡 글쓴이가 글을 쓴 까닭이나 목적을 생각하며 읽어 보세요.

게으름 귀신을 보내는 글

⁺임제

어느 날, 밤기운이 아직 가시지 않은 희미한 새벽녘이었다. 나는 자리에서 일어나 세수하고 옷을 정제한 다음, 허리를 펴고 책상 앞에 앉았다. 그러고는 마음을 가다듬고 게으름 귀신을 보내려고 조심스럽게 고했다.

"그대와 함께 지낸 지 10년이나 되었으니 난 그대의 깊은 속까지 잘 알고 있다. 내 속으로는 그대가 못내 그립지만 일에 방해가 되니 어쩔 수 없이 그대를 나에게서 떠나보내려 한다. 어물어물 내게 오래 머물러 있을 생각 말고, 바람에 날리듯 비에 씻기듯, 우레처럼 번개처럼 순식간에 떠나라. 그대가 마음만 먹는다면, 어딘들 못 가겠는가.

⁺임제(1549~1587): 조선 중기의 시인 겸 문인.
⁺고했다: 어떤 사실을 알리거나 말했다.
⁺어물어물: 말이나 행동 따위를 시원스럽게 하지 못하고 꾸물거리는 모양.

그러나 나에게서 떠날 생각이 없어 머뭇거리며 뒤나 돌아보고 뭉그적거 린다면, 비록 사물을 꿰뚫어 보는 재주를 가지고 있지 않으나 내 그대의 생긴 꼬락서니를 만천하에 드러낼 것이다. 비록 글솜씨가 뛰어나지는 않지만, 내 장차 그대의 상태를 있는 대로 써낼 것이다. 드러남과 숨겨짐은 길이 서로 다르고, 바른 것과 사악한 것은 차이가 명확해서 숨으려고 해도 숨을 수가 없을 터이니, 그대는 어떻게 할 셈인가?"

대들보 위에서 슬프게 흐느끼는 소리가 들리더니 게으름 귀신이 말했다.

"어리석고도 박절하십니다! 주인이여! 당신은 어릴 때부터 나와 아주 친하게 지내 서로 마음이 잘 맞고 시간이 흐를수록 더욱 그 정이 새로워지지 않았습니까. 한양에서도 당신과 함께 10년이나 잘 놀았습니다. 번화한 거리에서 거침없이 말을 몰았고 화려한 술집에서 노래하고 춤추었지요.

그런가 하면 산과 강에서 경치를 완상하고, 물가에 앉아서 술잔을 기울였지요. 그때마다 나는 항상 당신만을 따라다니며 당신을 저버린 일이 없습니다. 하물며 백 년도 못 가는 인생에서 육신에 얽매여 고생만 하는데, 지친 몸과 마음을 달래려면 나를 버리고 어찌하시렵니까? 그리고 사람이 아닌 나의 생긴 꼴을 어떻게 드러낼 것이며, 사람에 붙어 다닐 뿐 감정도 생각도 없거늘, 당신이 아무리 성인의 지혜를 지녔다 하더라도 무슨 말을 할 수 있겠습니까?"

 '나'는 10년 동안 같이 생활한 ❶ _____ 을/를 떠나보내기로 마음먹었다.

✦**육신**: 구체적인 물체로서 사람의 몸.
✦**성인**: 지혜와 덕이 매우 뛰어나 길이 우러러 본받을 만한 사람.

내가 말했다.

"그대는 어찌 나를 업신여기려 하는가? 그렇다면 지금 내가 말을 할 수밖에 없구나. 그대의 생긴 꼬락서니를 말하자면, *쑥대처럼 헝클어진 머리에 때가 낀 얼굴로 갓도 쓰지 않고 허리띠도 매지 않은 채, 할 일이 있어도 손 하나 까딱 않고, 손님을 보고는 절하는 것조차 잊어버리며, 그 걸음걸이는 느릿느릿, 한번 앉았다 하면 일어날 줄 모르는 잠꾸러기 귀신의 좋은 짝, 그래서 손발을 움직이는 것조차 싫어한다. 그대 생긴 꼬락서니가 대략 이런 모양이니, 나머지는 이루 다 말해 무엇 하겠느냐?"

그러자 게으름 귀신은 웃으며 인사를 한 다음 나에게 물었다.

"흐트러진 겉모습이야 감출 방법이 없으니 그렇다 치고, 자유분방한 속마음도 그처럼 헤아릴 수 있겠습니까?"

*쑥대: 쑥의 줄기.

"겉모습이 이러한데, 그 속마음도 쉽게 알 수 있겠지. 모든 일에 여유 만만하여 부끄러움도 없이 뻔뻔하게 떠드니, 그 어리석음이 지나칠 정도이다. 해야 할 큰일이 있는데도 편안함만 추구하여 마냥 한가로움에 빠져서 무질서하게 생활하였다. 오직 제멋대로 노는 사람만을 찾을 뿐, 부지런하고 조신한 사람은 반기지 않는다. 자리에 앉으면 마음은 헛된 꿈에 빠져서 정신이 희미해지고, 경서를 논하려 하면 눈은 멍하니 날아가는 기러기나 바라보았다. 그대는 내 뜻과 기운을 느슨하게 만들어 공적이나 사업을 자꾸만 늦어지게 했다. 그러니 살아서 무능력하고 죽어서 아

무 이름도 남기지 못하게 되는 것은 모두 그대의 뜻이다.

어디 처음부터 훌륭한 사람과 미친 사람, 슬기로운 사람과 어리석은 사람의 구분이 있었겠는가? 나는 이제야 그 까닭을 분명히 알았다. 그대를 버리는 자 훌륭한 사람이 될 것이요, 그대를 따르는 자 미친 사람이 될 것이다. 그대를 버리는 자 슬기로운 사람이 될 것이요, 그대를 따르는 자 어리석은 사람이 될 것이다. 역사에 이름을 남기는 자는 그대를 버린 사람들 가운데서 나올 것이며, 자연과 함께 썩어 가는 자는 그대를 따르는 사람들의 무리일 것이다.

 '나'는 게으름 귀신이 자신의 ❷ _____ 을/를 느슨하게 만들어 공적이나 사업을 늦어지게 했다고 생각했다.

◆**조신한:** 몸가짐이 조심스럽고 얌전한.   ◆**경서:** 옛 성현들이 유교의 사상과 교리를 써 놓은 책.
◆**공적:** 노력과 수고를 들여 이루어 낸 일의 결과.

나는 일찍이 어머님을 여의고, 여러 해 동안 스스로 격려하고, 남몰래 하늘을 보며 충효를 온전히 하여 부모님께 누를 끼치지 않기를 맹세하였다.

　　그런데 그대는 술집과 번화한 거리에서 놀던 묵은 추억과 지친 마음을 달랜다는 하찮은 일로 나를 옭아매려는 것이다. 그러나 이는 내가 후회하는 일이고, 다시 거기에 빠질까 참으로 두려워하는 것들이다.

　　내가 장차 훌륭하고 지혜로운 사람이 되어야 하겠는가? 아니면 내가 장차 미치고 어리석은 사람이 되어야 하겠는가? 내 지금까지는 어리석어 살피지 못했으나 이제는 진심으로 그대와의 사귐을 끊으려 하는 것이다."

게으름 귀신은 한참 동안 조용하더니, 훌쩍훌쩍 울면서 말했다.

"당신의 뜻이 정 그러하시다면 떠나기로 하겠습니다."

게으름 귀신이 애달프게 떠나가니, 구름이 흩어지고 안개가 사라지듯 그가 간 곳을 알 수 없었다.

한줄톡! '나'는 장차 훌륭하고 지혜로운 사람이 되기 위해 게으름 귀신과의 ❸ ＿＿＿＿＿＿＿＿＿ 을/를 끊으려고 한다.

게으름도 때로는 이로움이 되나니

성현

병술년 여름 어느 날이었다. 기운 없이 나른하게 잠이 들었는데 비몽사몽간이었다. 정신이 어수선하고 뒤숭숭한 것이 병이 든 것도 같고 그렇지 않은 것도 같았다. 또 몸에서 기운이 빠져 나가면서 가슴이 돌에 눌린 것처럼 속이 답답했다. 게으름 귀신이 든 것이 분명했다.

이에 무당을 불러 귀신에게 다음과 같이 말하게 했다.

"네가 나의 가슴속에 숨어들었기 때문에 내가 큰 병이 났다. 그 까닭을 말할 테니 너는 잘 들어 보아라.

내가 고금의 역사를 살피고 옛 성현들의 글을 읽으니, 게으른 사람은 이룬 것이 없고, 부지런히 일한 사람은 양식이 넉넉하며, 안일한 사람은 이룬 공적이 없고, 근면한 사람은 업적이 큼을 알았다. 하나라 우왕같이 현명한 이도 촌음을 아꼈고, 주나라 무왕 같은 성인도 해질 녘까지 한가할 틈이 없었다.

그런데 나는 왜 진작 그런 생각을 못 하고 맡은 직책마저 게을리 하고 놀기만 했는지 모르겠다. 저 농사꾼을 보아도 일 년 내내 바삐 움직이고, 저 장인들만 해도 저마다 있는 힘을 다하는데, 나는 게으름을 이기지 못하여 날마다 잠에만 녹아떨어졌다.

 한줄톡! 어느 날 몸에 ❹ _____ 이/가 든 것 같아 무당을 불러 귀신에게 말했다.

✦ **성현(1439~1504):** 조선 초기에 활동한 문신이자 서예가.
✦ **안일한:** 편안하고 한가로운. 또는 편안함만을 누리려는 태도가 있는.
✦ **우왕:** 중국 전설상의 하나라 시조.
✦ **근면한:** 꾸준하고 부지런한.
✦ **무왕:** 중국 주나라를 건설한 왕.

벼슬길에 대해서 잠시 생각해 보자면, 사람들은 분주하게 권문세가를 기웃거리다가 마침내 높은 벼슬자리를 얻는 것이 보통이다. 그런데 나는 그렇지 못하여 발이 있어도 나아가지 못하고 낮은 벼슬에 얽매여 세 분의 임금님을 모셨지만 영전 한 번을 하지 못했다.

내가 또 세상 사람들을 관찰해 보니, 매일 돈 생길 만한 곳을 찾아다니다가 털끝만 한 이익이라도 보이면 머리가 터지게 다투어서라도 재물을 얻고 그것을 자손에게 물려주려고 애를 쓴다. 그런데 나는 저들과 같지 못해서 주먹을 쥐고 다툴 줄도 모르며, 화려한 것은 지나치게 싫어해서 가난 속에서 분수에 맞게 사는 생활을 즐겼다.

내가 또 젊은 사람들을 돌아보니 아름다운 노래와 춤에 빠져서 때를 가리지 않고 매일 흠씬 취해서 노는데, 나 같은 사람은 설령 초대를 받아도 받아들이지 않았다. 그래서 남들은 나를 목석같은 사람이라고 비웃었다.

책이 있어도 읽지 않으니 그 뜻이 애매하고, 거문고가 있어도 타지 않으니 취미가 없고, 손님이 찾아와도 제대로 대접하지 못하니 돌아가면서 욕을 한다. 또 말이 있어도 제대로 먹이지를 않으니 삐쩍 말라가고, 병이 나도 치료하지 않으니 기운이 날로 떨어지고, 아들이 있어도 가르치지 않으니 허송세월만 하고 있다.

✦ **목석같은**: 감정이 무디고 무뚝뚝한.

활이 있어도 다루지 않고, 술이 있어도 거르지 않으며, 손이 있어도 세수조차 하지 않고, 머리카락이 헝클어져도 빗질조차 하지 않으며, 길이 어질러져도 쓸지 않고, 마당에 잡초가 무성해도 벨 생각을 하지 않으며, 게을러서 나무도 심지 않고, 게을러서 고기도 낚지 않으며, 게을러서 바둑도 두지 않고, 게을러서 집을 수리할 생각도 못 하며, 솥발이 부러져도 게을러서 고치지 않고, 의복이 해져도 게을러서 깁지 않으며, 종들이 죄를 지어도 게을러서 묻지 않고, 사람들이 시비를 걸어도 게을러서 화를 내지 않아서, 마침내 날로 내 행동은 굼떠 가고, 마음은 바보가 되며, 나의 용모는 날로 여위어 갈 뿐만 아니라 말수조차 점점 줄어들고 있다.

이 모든 나의 허물은 다 네가 내 속에 들어와 멋대로 한 결과이다. 너는 어찌해서 다른 사람에게는 가지 않고 나만 쫓아다니면서 귀찮게 구는가? 너는 어서 나를 떠나서 저 극락으로 가거라. 그러면 나는 너로 인해 받게 되는 피해가 없을 것이요, 너는 또 네가 당연히 있어야 할 곳에 가게 될 것이 아니겠느냐?"

한줄톡! 게으름 귀신이 '내' 속에 들어와 멋대로 한 결과, 행동은 굼떠 가고 마음은 ❺ ＿＿＿＿＿＿＿＿ 이/가 되며, 용모는 날로 야위어 갈 뿐 아니라 말수조차 점점 줄어들고 있다.

✦**솥발:** 옛날 솥 밑에 달린 세 개의 발. ✦**굼떠:** 동작, 진행 과정 따위가 답답할 만큼 매우 느려.

그랬더니 게으름 귀신이 이렇게 말했다.

"그렇지 않습니다. 내가 어떻게 당신에게 피해를 입히겠습니까? 운명은 하늘에 있는 것이니 나의 허물로 여기지 마십시오. 굳센 쇠는 부서지고, 강한 나무는 부러지며, 깨끗한 것은 더러움을 타기 쉽고, 우뚝한 것은 꺾이기 쉽습니다. 단단한 돌은 조용해서 쪼개지지 않고, 높은 산은 고요해서 영원한 것입니다. 움직이는 것은 이른 나이에 죽고 말지만, 고요한 것은 오래오래 장수합니다. 지금 당신은 저 산과 같이 오래오래 살 것입니다.

　경우에 따라서 근면은 화근이 될 수 있고, 당신과 같이 게으름을 피우는 것이 도리어 복의 근원이 될 수도 있지요. 보십시오. 세상 사람들은 형세를 따라 우왕좌왕하여 그때마다 시시비비를 따지느라 시끄럽지만, 지금 당신은 물러나 앉아 있으니 당신에 대해서 이러쿵저러쿵 시비하는 소리가 전혀 없지 않습니까. 또 세상 사람들은 물욕에 휘둘려서 이익을 얻기 위해 날뛰지만, 당신은 걱정 없어 제정신을 잘 보존하니 당신에게 지금 어느 것이 흉한 일이 되고, 어느 것이 길한 일이 된다고 생각하십니까?

⁺**장수합니다:** 오래도록 삽니다.　　⁺**화근:** 재앙의 근원.
⁺**형세:** 일이 되어 가는 형편.　　⁺**길한:** 운이 좋거나 복된 일이 일어날 조짐이 있는.

　　당신은 이제부터 지식을 버리고 무지를 이루고, 무엇인가 하고자 함을 버리고 가만히 있어 자연과 같은 경지에 이르며, 욕심을 버려 태연함을 지키며, 인생과 세상의 덧없음을 깨달아 마음의 평안함과 고요함을 즐기십시오. 그러면 그 도는 죽지 않고 하늘처럼 아득하여 태초와 하나가 될 것입니다. 내가 이처럼 앞으로도 당신을 잘 지키도록 도울 것인데, 도리어 나를 나무라시니 사람이 자신의 처지를 알아야지 그래서야 어디 되겠습니까?"

　　이에 나는 말문이 막히고 말았다. 그래서 앞으로 내 잘못을 고쳐 그대와 함께 살기를 바란다고 했더니, 게으름 귀신은 떠나지 않고 나와 함께 있기로 했다.

 경우에 따라서 근면은 화근이 되고, ❻ ＿＿＿＿＿＿＿＿＿＿＿을/를 피우는 것이 도리어 복의 근원이 될 수 있다는 말을 듣고 '나'는 게으름 귀신과 함께 있기로 했다.

✦**무지:** 아는 것이 없음.

게으름 귀신을 보내는 글

1 다음에서 밑줄 친 '그대'는 공통적으로 누구를 가리키는지 쓰세요.

> 그대를 버리는 자 훌륭한 사람이 될 것이요, 그대를 따르는 자 미친 사람이 될 것이다. 그대를 버리는 자 슬기로운 사람이 될 것이요, 그대를 따르는 자 어리석은 사람이 될 것이다.

✎ _____

2 글쓴이가 그동안 게으름 귀신과 함께 살아온 모습으로 알맞은 것에 모두 ○표 하세요.

(1) 화려한 술집에서 노래하고 춤을 추었다. (   )

(2) 어릴 때부터 성인의 지혜를 배우고 익혔다. (   )

(3) 산과 강에서 경치를 즐기고 물가에서 술잔을 기울였다. (   )

3 글쓴이가 게으름 귀신을 떠나보내려는 까닭으로 알맞지 <u>않은</u> 것은 무엇인가요?

(   )

① 장차 역사에 이름을 남기려고

② 훌륭하고 지혜로운 사람이 되려고

③ 자연과 함께 편안하고 한가롭게 살려고

④ 자신이 하는 일에 방해를 받지 않으려고

4 글쓴이가 게으름 귀신에게 말한 내용과 관계 깊은 낱말을 보기 에서 찾아 쓰세요.

보기	의리	우정	절교	인연

✎ _____

게으름도 때로는 이로움이 되나니

5 글쓴이가 말한 게으름 귀신이 든 상태로 알맞은 것에 모두 ○표 하세요.

(1) 우왕좌왕하며 집 안을 마구 돌아다녔다. (　　　)

(2) 가슴이 돌에 눌린 것처럼 속이 답답했다. (　　　)

(3) 정신이 어수선하고 몸에서 기운이 빠져 나갔다. (　　　)

6 게으름 귀신이 글쓴이의 가슴속에 숨어들어서 생긴 허물과 관련 <u>없는</u> 것은 무엇인가요? (　　　)

① 날마다 잠에 녹아떨어졌다.

② 손님이 찾아와도 제대로 대접하지 못하였다.

③ 용모가 날로 여위어 가고 말수조차 줄어들었다.

④ 권문세가를 기웃거리며 높은 벼슬자리를 얻었다.

7 게으름 귀신이 게으름을 피우는 것이 도리어 복의 근원이 될 수 있다고 한 까닭은 무엇인지 빈칸에 알맞은 말을 쓰세요.

• 게으름을 피우면 이러쿵저러쿵 (　　　　　　　　　)이/가 전혀 없고, (　　　　)에 휘둘리지 않고 제정신을 잘 보존해서

8 게으름 귀신이 말한, 게으름이 주는 이로움에 해당하는 것을 두 가지 찾아 기호를 쓰세요.

⑦ 태연함　　　　⑭ 지식의 습득
⑮ 재물의 축적　　⑯ 마음의 평안함

생각 정리

1 게으름에 대한 글쓴이의 생각을 정리하며 빈칸에 알맞은 내용을 쓰세요.

게으름 귀신을 보내는 글

- 게으름을 버리는 자는 [   ], [   ] 이/가 될 것이고, 게으름을 따르는 자는 [   ], [   ] 이/가 될 것이다.

- 역사에 이름을 남기는 자는 게으름을 버린 사람들 가운데서 나올 것이며, 자연과 함께 썩어 가는 자는 [   ] 사람들의 무리일 것이다.

따라서 _____

_____

게으름도 때로는 이로움이 되나니

- 경우에 따라서 근면은 [   ]이/가 될 수 있고, 게으름이 도리어 [   ]의 근원이 될 수 있다.

- 형세를 따라 바삐 움직이면 그때마다 시시비비를 따지느라 시끄럽지만, [   ] 시비하는 소리가 전혀 없다.

- 물욕에 휘둘려서 이익을 얻으려 하면 미쳐 날뛰게 되지만, 걱정 없이 분수에 맞게 살면 [   ].

따라서 _____

_____

읽은 후 생각 넓히기

1. 『게으름 귀신을 보내는 글』을 바탕으로 하여 '게으름 귀신'에 대한 보고서를 만들었어요. 빈칸에 알맞은 말을 써넣어 보고서를 완성해 보세요.

보고하는 대상의 특징을 잘 살펴보고, 항목에 따라 세부 내용을 정리해 보세요.

게으름 귀신 보고서

■ 이름: _____

■ 퇴치한 때: 어느 날 새벽녘

■ 겉모습

• 머리는 쑥대처럼 헝클어졌고 얼굴에는 때가 껴 있다.

• 갓도 쓰지 않고 허리띠도 매지 않았다.

• 할 일이 있어도 _____,

  손님을 보고 _____

• 걸음걸이는 _____

• 한번 앉으면 _____

  _____

• 손발을 움직이는 것조차 싫어한다.

■ **귀신이 든 증세**

• 모든 일에 여유 만만하여 부끄러움도 없이 뻔뻔하게 떠들어 그 어리석음이 지나치다.

• 해야 할 큰일이 있어도 한가롭게 지낸다.

• 오직 제멋대로 노는 사람만을 찾을 뿐이고,

• 자리에 앉으면 헛된 꿈에 정신이 희미해지고, 경서를 논하려 하면 눈은 멍하니 날아가는 기러기나 바라본다.

■ **퇴치 방법**

• 새벽녘에 일어나 세수하고 옷을 정제한 뒤, 마음을 가다듬고 책상 앞에 앉아

• 귀신의 생긴 꼬락서니를 만천하에 드

러내며, --

2 『게으름 귀신을 보내는 글』과 『게으름도 때로는 이로움이 되나니』에서 게으름 귀신은 각자 자신의 주인을 어떻게 생각할지 귀신의 입장이 되어 쓰세요.

• • •
게으름 귀신의 상황이
어떠한지 파악해 보고
각 귀신의 입장이 되어
주인을 어떻게 생각할
지 판단해 보세요

게으름 귀신을 보내는 글

나의 주인은 함께 즐거운 시간을 보내다가 어느 날 마음이 변해서 나에게 떠나라고 했어.

게으름도 때로는 이로움이 되나니

나의 주인은 나에게 떠나라고 했지만 근면도 화근이 될 수 있다고 말했더니 계속 함께하자고 했어.

----

3 『게으름 귀신을 보내는 글』과 『게으름도 때로는 이로움이 되나니』의 글쓴이가 죽어서 저승에 간다면 염라대왕에게 어떤 점수와 평가를 받을지 상상하여 쓰세요.

• • •
글에 나타난 글쓴이의 삶의 방식과 태도를 살펴보고, 자신이 염라대왕이라고 가정한 뒤 가치관에 따라 점수를 매겨 보세요. 그리고 인물에 대한 총평을 써 보세요.

■ **이름:** 임제
■ **나이:** 39세
(1549~1587)
■ **생애:** 29세에 과거에 급제, 당파 싸움을 안타까워하다가 사직하고 명산을 찾아다니며 살았다. 뒤늦게 깨달음을 얻어 게으름을 물리치고자 했다.

■ **이름:** 성현
■ **나이:** 66세
(1439~1504)
■ **생애:** 24세에 과거에 급제하여 높은 벼슬을 두루 거쳤다. 많은 글과 저서를 남겼으며, 글씨를 잘 썼다. 게으름의 이로움을 생각해 함께하기로 했다.

■ **점수:** [   ] 점

■ **평가:** _____
_____
_____
_____

■ **점수:** [   ] 점

■ **평가:** _____
_____
_____
_____

휴식의 가치, '세계 게으름의 날'

아주 오래전부터 사람들은 게으름을 부정적으로 생각해 왔어요. 그런데 최근 들어 게으름을 바라보는 시각에 변화가 일어나고 있어요. 그 대표적인 사례가 바로 '세계 게으름의 날'이에요.

남미 콜롬비아의 북서부 이타구이라는 도시에서는 해마다 '세계 게으름의 날' 행사가 열립니다. 이날이 되면 주민 수백 명이 잠옷을 입은 채, 집 근처 길이나 공원 등으로 침대와 해먹 등을 끌고 나와서 하루 종일 뒹굴거나 잠을 자며 마음껏 게으름을 피우지요. 잠을 청하지 못한 일부 주민들은 평화롭게 산책을 하거나 차분하게 책을 읽기도 해요.

'세계 게으름의 날'이 이타구이에서 처음으로 축제를 겸한 기념일로 만들어진 것은 1985년입니다. 원래 이 도시는 굉장히 바쁘게 돌아가는 상업 도시이지만 주민들이 "노동을 기념하는 날이 있다면 쉬거나 게으름을 기념하는 날도 있어야 한다."라면서 이날을 만들었어요. 그때부터 이날의 대표적인 행사로 자리 잡은 것이 '잠옷 입고 길에서 잠자기'라고 해요. 최근에는 축제가 유명해져서 타지에서도 축제를 즐기기 위해 이곳을 찾기도 해요.

이처럼 게으름은 우리에게 삶을 누릴 수 있는 자유를 되돌려 주기도 해요. 게으름을 현명하게 활용할 때 비로소 삶에 여유가 생기고 행복에 가까워질 수 있지 않을까요?

이런 책도 있어요
김경숙, 『게으름 귀신 쫓은 팥죽 한 그릇』, 책고래, 2019
한영식, 『베짱이는 게으름뱅이가 아니야』, 한림출판사, 2016
유혜정, 『성공한 사람에게 없는 것 게으름』, 소담주니어, 2010

알아맞혀 보세요! 난센스 퀴즈

[난이도 : 상 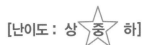 중 하]

✽ '난센스'는 이치에 맞지 않거나 평범하지 않은 말 또는 일을 말해요. 재미있는 난센스 퀴즈를 풀어 보세요.

① 신사가 자기소개를 네 글자로 한다면?

정답:

② 창으로 찌르려 할 때 외치는 말은?

정답:

③ 0-0은?

정답:

④ 깨뜨리면 칭찬받는 것은?

정답:

● 정답은 가이드북 13쪽을 확인하세요.

2주

설명문 예술, 과학

★ 독서논술계획표

▶ 다음 단계에 맞게 공부한 날짜를 쓰세요.

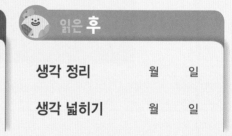

읽기 전			읽는 중			읽은 후		
생각 열기	월	일	생각 쌓기	월	일	생각 정리	월	일
낱말 탐구	월	일	내용 확인	월	일	생각 넓히기	월	일

독서 노트 　월 　일

오나리자

1 내가 가장 좋아하는 회화 작품을 책이나 다른 자료에서 찾아 오려 붙이거나 그려 보고, 빈칸에 알맞은 내용을 쓰세요.

●●●
평소에 미술책이나 전시회 등에서 보았던 회화 작품을 떠올려 보고, 가장 인상 깊은 작품을 한 가지 정해 찾아보세요.

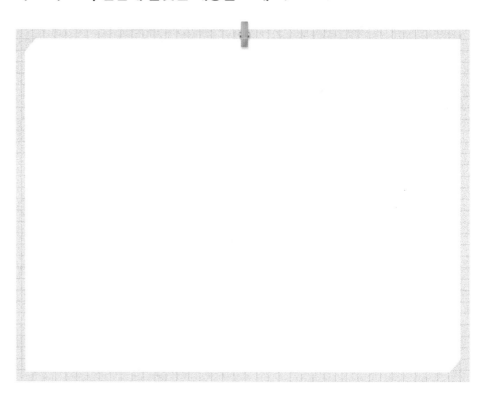

작품명	
화가	
이 작품을 좋아하는 까닭	

구체적인 형상이나 이미지를 여러 가지 선이나 색채로 평면상에 그려 내는 미술을 '회화'라고 해.

2 다음 명화 속 인물의 표정에는 여러 가지 감정이 담겨 있어요. 각각의 감정이 얼마만큼 담겨 있는지 생각해 자유롭게 빈칸에 색칠해 보세요.

••• 뭉크의 '절규'는 깊은 절망에 빠진 사람을 표현하고 있고, 빈센트 반 고흐의 '자화상'은 불안하고 긴장된 자신의 상태를 드러내고 있어요.

▲ 절규

감정	낮음 ←	감정의 정도	→ 높음
행복	□□□□□□□□□□		
슬픔	□□□□□□□□□□		
분노	□□□□□□□□□□		
우울	□□□□□□□□□□		
놀람	□□□□□□□□□□		
불안	□□□□□□□□□□		

▲ 자화상

감정	낮음 ←	감정의 정도	→ 높음
행복	□□□□□□□□□□		
슬픔	□□□□□□□□□□		
분노	□□□□□□□□□□		
우울	□□□□□□□□□□		
놀람	□□□□□□□□□□		
불안	□□□□□□□□□□		

슬픔? 분노? 불안?

낱말 탐구

1 주어진 낱말 힌트와 문장을 읽고, 뜻이 잘 통하도록 알맞은 낱말을 찾아 ○표 하세요.

집안

우리 할머니께서는 훌륭한 **가문** **가통** **가훈** 에서 태어나 좋은 교육을 받고 자라셨다.

테두리

구름이 거치고 나자, 먼 산의 **윤곽** **윤기** **윤리** 이/가 서서히 드러나기 시작했다.

늘그막

선생님께서는 한적한 시골에 내려가 농사일에 몰두하며 **만물** **말년** **말세** 을/를 보내셨다.

이름

사시사철 아름다운 금강산은 겨울에는 개골산이라는 **명단** **명부** **명칭** (으)로 불린다.

으뜸

쉬지 않고 연습을 반복한 결과, 마침내 국립 발레단의 **수석** **수양** **수행** 발레리나가 되었다.

실마리

마을에서 일어난 사건의 **단골** **단서** **단체** 을/를 찾기 위해서 경찰은 현장을 샅샅이 조사하였다.

2 글자 수와 낱말의 뜻을 살펴보고, 낱말 카드의 글자를 이용해서 빈칸에 알맞은 낱말을 쓰세요.

2글자 | 사람의 물결이란 뜻으로, 수많은 사람을 이르는 말.

소　명　파　지　인 ➡ [　　　]

2글자 | 심한 모욕. 또는 참기 힘든 일.

난　곤　수　장　욕 ➡ [　　　]

2글자 | 원래대로 회복함.

복　성　사　원　모 ➡ [　　　]

4글자 | 뒤얽혀 복잡하여진 사정.

여　성　곡　유　절　우 ➡ [　　　]

4글자 | 사람이 산을 이루고 바다를 이루었다는 뜻으로, 사람이 수없이 많이 모인 상태를 이르는 말.

인　수　인　명　산　해 ➡ [　　　]

모나리자

▲ 루브르 박물관

파리의 센 강변에 위치해 있는 루브르 박물관은 세계 3대 박물관 중의 하나로, 프랑스에서도 최고의 명소로 손꼽히는 곳이다. 고대 이집트 · 메소포타미아 유물을 비롯하여 그리스 · 로마 시대의 조각은 물론이고, 르네상스 시대의 회화 작품과 근대 미술을 대표하는 걸작들까지 약 38만 점이나 되는 예술 작품이 전시되어 있는 것으로 유명하다.

해마다 전 세계에서 무려 1,000만 명이 넘는 관람객들이 찾는 루브르 박물관 입구는 이른 아침부터 세계 각지에서 모여든 인파로 장사진을 치는데, 이들 중 대부분은 모나리자를 직접 보기 위해 이곳을 방문한다.

모나리자는 르네상스 시대를 대표하는 천재 화가 레오나르도 다빈치가 유화로 그린 한 여인의 초상화로, 가로 53㎝, 세로 77㎝의 크기이다. 이 그림은 1503년에서 1506년 사이의 작품으로 추정된다.

과연 무엇이 이 작품을 이토록 유명하게 만들었고 오늘날에도 여전히 세상 사람들의 관심을 끌어 모으고 있는 것인지, 또 모나리자를 둘러싼 소문과 비밀은 어디까지가 진실인지 알아보도록 하자.

✦**걸작:** 매우 훌륭한 작품.
✦**장사진:** 많은 사람이 줄을 지어 길게 늘어선 모양을 이르는 말.

모나리자의 신비한 미소

신경 과학자들의 연구에 의하면, 모나리자 입가의 엷은 미소가 신비하게 느껴지는 것은 사람의 시선이 이동함에 따라 표정이 바뀌게 만들어진 미술적 표현 때문이라고 한다.

모나리자의 왼쪽 입술은 일자로 다물고 있는 데 반해, 오른쪽 입술은 입꼬리가 살짝 올라가 있다. 사람의 우뇌는 화면의 왼쪽, 좌뇌는 화면의 오른쪽 정보를 처리하는데, 우뇌가 먼저 모나리자의

▲ 모나리자

무표정한 왼쪽을 보고 나서 얼핏 웃는 오른쪽을 보게 되면 무표정한 가운데 살짝 웃음을 띤 신비로운 미소로 느껴지는 것이다. 만약 모나리자의 얼굴을 좌우 거꾸로 그렸다면 웃는 표정이 우세해지고 신비감이 줄어들었을 것이다.

한편, 네덜란드 암스테르담 대학의 생물 측정학 하로 스톡먼 교수 팀은 모나리자의 미소에 담긴 감정을 과학적으로 규명해 내기도 했다. 감정 인식 소프트웨어를 통해 모나리자의 입술의 굴곡과 눈가의 주름 등 얼굴 주요 부위의 움직임을 수치화해 분석한 결과, 모나리자의 미소에 들어 있는 감정은 행복 83%, 불쾌감 9%, 두려움 6%, 분노 2%의 순으로 나타났다.

한줄톡! 모나리자의 ❶_____ 이/가 신비하게 느껴지는 것은 사람의 시선이 이동함에 따라 표정이 바뀌게 만들어진 미술적 표현 때문이다.

✦**규명해:** 어떤 사실을 자세히 따져서 바로 밝혀.

모나리자 미소의 비밀은 절묘하게 배치된 입술 모양에만 있지 않다.

레오나르도 다빈치는 스푸마토(sfumato) 기법을 사용하여 그림의 윤곽선을 안개처럼 뿌옇게 보이게 만들었다. 스푸마토 기법은 서로 다른 색깔 사이의 윤곽을 명확히 구분 짓는 대신 안개를 표현하듯 색을 미묘하게 변화시켜 색상의 경계가 자연스럽게 넘어가도록 표현하는 명암법이다. 프랑스의 화가 겸 미술사가인 자크 프랑크의 주장에 의하면, 레오나르도 다빈치는 안개와 같이 흐릿한 느낌을 표현하기 위해 0.25㎜ 길이의 붓질을 최대 30겹 이상 채색하여 모나리자를 그렸으며, 붓 자국이 너무나 미세하여 현미경으로도 잡아내지 못할 정도라고 한다. 레오나르도 다빈치는 이 기법을 통해 모나리자의 신비로운 미소뿐 아니라 그림 전체에 부드러움과 신비로운 깊이를 더해 주는 효과를 낳았다.

모나리자의 실제 모델

모나리자의 실제 모델이 누구인가에 대해서는 저마다 의견이 분분하다.

모나리자의 모델은 16세기 이탈리아 피렌체의 부유한 상인이었던 프란체스코 델 조콘다의 두 번째 부인 '리자 디 게라르디니'로 가장 잘 알려져 있다. 그림을 그릴 당시 리자는 20대의 젊은 여성이었다고 한다. 이탈리아 어로 '모나(mona)'는 귀부인을 이르는 호칭이고 '리자(Lisa)'는 초상화의 모델이 된 여인의 이름이다. 우리말로는 '리자 여사'라고 풀이할 수 있다. 모나리자의 또 다른 명칭인 '라 조콘다(La Gioconda)' 역시 '조콘다 부인'이라는 뜻이다.

절묘하게: 비할 데가 없을 만큼 모양이나 동작이 색다르게.
명암법: 회화에서, 한 가지 색상의 명도 차에 의하여 입체감을 나타내는 기법.
미술사가: 미술의 변천·발달 과정을 전문적으로 연구하는 사람.
분분하다: 소문, 의견 따위가 많아 갈피를 잡을 수 없다.

그러나 모나리자의 진짜 모델은 동성애자인 레오나르도 다빈치(다빈치는 일생 홀로 지냈으며 24세 때는 남자와 사귀었다는 죄로 재판을 받았으나 무죄로 풀려났다.)가 사랑한 '안드레아 살라이'라는 의견도 있다. 실제로 레오나르도 다빈치가 제자였다가 연인으로 발전한 살라이를 모델로 하여 그린 '세례자 성 요한'의 이목구비의 비율과 형태가 모나리자의 그것과 동일하다는 점에서 설득력을 얻고 있다.

▲ 세례자 성 요한

레오나르도 다빈치 자신의 자화상을 여성화시켜 그렸다는 설도 있는데, 그

▲ 자화상

것은 다빈치가 말년에 그린 연필 자화상이 모나리자와 비슷하다는 이유 때문이다. 이 자화상 자체가 위작✦ 논란이 있어 설득력이 떨어지기는 하지만, 모나리자의 모델이 레오나르도 다빈치 자신이라는 설은 화가들의 상상력을 자극해서 마르셀 뒤샹은 모나리자의 복제화에 콧수염과 턱수염을 그려 넣었고, 사진작가 필립 할스먼은 '달리의 콧수염을 단 모나리자'라는✦ 몽타주를 제작하기도 했다.

이 밖에 이탈리아 토스카나 지방 유명한 가문의✦ 사생아로 태어난 다빈치가 자신을 낳아 준 어머니에 대한 그리움을 표현한 것이라는 의견도 있다.

 한줄톡! 이탈리아 어로 '모나'는 ❷ _____ 을/를 뜻하는 호칭이고, '리자'는 초상화의 모델이 된 여인의 이름으로, '리자 디 게라르디니'가 모나리자의 모델이라고 가장 잘 알려져 있다.

✦위작: 다른 사람의 작품을 흉내 내어 비슷하게 만드는 일. 또는 그 작품.
✦몽타주: 여러 사람의 사진에서 얼굴의 각 부분을 따서 따로 합쳐 만들어 어떤 사람의 형상을 이루게 한 사진.
✦사생아: 법률적으로 부부가 아닌 남녀 사이에 태어난 아이.

모나리자의 눈썹

모나리자는 눈썹이 없는 것으로도 유명한데, 이에 대해서도 몇 가지 가설이 있다.

▲ '모나리자'의 얼굴 부분

레오나르도 다빈치가 이 작품을 그릴 당시에는 이마가 넓은 여자가 미인으로 여겨져 여성들 사이에서 눈썹을 뽑아 버리거나 눈썹을 가늘게 하는 일이 유행이었다는 의견이 있다. 그러나 비슷한 시기에 그려진 다른 여인들의 초상화를 살펴보면 모두 눈썹이 있는 것으로 보아 이 가설은 다소 설득력이 떨어진다.

모나리자가 끝내 완성되지 못했다는 것은 꾸준히 돌고 있는 가설 중의 하나이다. 이탈리아의 의료 전문가들은 논문에서 '다빈치가 말년에 오른손 마비 증상으로 인해 팔레트나 붓을 쥐는 데 어려움을 겪었으며, 그 때문에 모나리자를 포함한 다수의 작품을 완성하지 못했다.'라고 발표하였다. 그들은 다빈치가 죽음을 앞둔 5년 동안 제자를 지도하면서도 상당수의 작품을 미완성으로 남겨 둔 것은 바로 오른손 마비 증상 때문이었다고 설명한다. 또한 일부에서는 다빈치가 이 초상화를 주문한 사람에게 넘기지 않고 사망할 때까지 10년 이상이나 가지고 다녔다는 점도 모나리자가 미완성이었다는 사실을 암시한다고 주장한다.

✦**가설**: 어떤 사실을 설명하거나 어떤 이론 체계를 이끌어 내기 위하여 설정한 가정.
✦**암시한다고**: 넌지시 알린다고.

최근 가장 유력한 가설은 레오나르도 다빈치가 그린 모나리자에는 원래 눈썹이 그려져 있었으나 그 이후에 떨어져 나갔다는 것이다. 이 작품을 특수 카메라로 촬영한 결과, 모나리자의 눈썹이 있어야 할 자리에 여러 겹으로 그려진 희미한 붓 자국이 남아 있었다고 한다. 수백 년의 세월이 흐르는 동안 작품을 복원하는 과정에서 작품 전체의 색깔도 어느 정도 바뀌었고, 원래 그려져 있었던 눈썹 부분도 사라지게 된 것이라는 주장이다.

루브르 박물관에 소장된 모나리자 외에도 20세기 초 영국의 시골에서 발견된 '아이즐워스 모나리자'가 있다. 일부 미술가들은 '젊은 모나리자'로도 불리는 이 작품을 다빈치가 그린 것으로 추정하고 있다. 실제 다빈치가 그린 진품인지는 확실히 밝혀지지는 않았지만, 원래 모나리자보다 약간 더 젊은 이 작품 속 여인에게는 눈썹이 그려져 있다.

또 2012년에는 스페인 마드리드의 프라도 미술관에서 '모나리자' 복제품이 발견됐는

▲ 아이즐워스 모나리자

데, 원작이 제작된 16세기 초에 같은 작업실에서 다빈치의 제자가 그린 것으로 추정된다. 이 그림에도 눈썹이 분명히 그려져 있어서 루브르 박물관의 모나리자에도 원래 눈썹이 있었다는 데 힘을 실어 주고 있다.

 한줄톡! 레오나르도 다빈치가 그린 모나리자에는 원래 ❸ ＿＿＿＿＿ 이/가 그려져 있었으나, 오랜 시간이 지나 복원하는 과정에서 떨어져 나갔다는 가설이 설득력을 얻고 있다.

✦**유력한**: 가능성이 많은.
✦**소장된**: 자기의 것으로 소유되어 간직된.
✦**복제품**: 본디의 것과 똑같이 본떠 만든 물품.

모나리자가 루브르 박물관에 있는 까닭

이탈리아에서 탄생한 모나리자가 프랑스 루브르 박물관에 소장되어 있는 까닭은 무엇일까?

레오나르도 다빈치는 1516년에 유럽 최대 강국이었던 프랑스의 왕 프랑수아 1세의 초청을 받아 프랑스로 향했다. 그때 다빈치는 모나리자를 비롯한 몇 점의 작품을 함께 가져가 자신의 곁에 두었다. 프랑수아 1세는 다빈치에게 편히 지낼 수 있는 저택을 마련해 주었는데, 평소 이곳을 방문할 때마다 모나리자에 큰 관심을 보였다고 한다.

▲ 레오나르도 다빈치가 말년에 거처했던 클로뤼세 성

프랑수아 1세의 든든한 지원 아래 국왕의 수석 건축가 겸 기술자가 된 다빈치는 1519년 앙부아즈 성의 배수로 공사를 지휘하다가 그곳에서 사망했다.

프랑수아 1세는 다빈치가 지니고 있는 다른 작품들과 함께 모나리자를 구입하여 퐁텐블로 성에 걸어 두었고, 뒤이어 국왕이 된 루이 14세는 이 그림을 베르사이유 궁전으로 옮겼다고 한다. 프랑스 혁명이 일어나자 모나리자는 다시 루브르 궁전으로 옮겨졌는데, 황제가 된 나폴레옹은 이 그림을 소중하게 생각하여 자신의 침실에 걸어 놓기도 했다고 한다.

긴 세월이 흐르는 동안 유럽을 휩쓴 역사의 소용돌이 속에서 떠돌아다니던 모나리자는 우여곡절 끝에 현재 루브르 박물관에 전시되어 있다.

 한줄톡! 프랑수아 1세의 초청으로 레오나르도 다빈치는 ❹_____(으)로 건너갈 때 모나리자를 함께 가져갔다.

✦배수로: 물이 빠져나갈 수 있도록 만든 길.
✦소용돌이: 힘이나 사상, 감정 따위가 서로 뒤엉켜 요란스러운 상태를 비유적으로 이르는 말.

모나리자 도난 사건

대부분의 사람들은 루브르 박물관을 대표하는 작품으로 모나리자를 떠올린다. 무엇이 이렇게까지 모나리자를 유명하게 만들었을까? 만약 1911년에 발생한 도난 사건이 아니었다면 이 그림은 그저 평범한 작품에 지나지 않았을지도 모른다.

1911년 8월, 루브르 박물관에 전시되어 있던 모나리자가 감쪽같이 사라지는 사건이 발생했다. 도난 당시만 해도 이 그림은 다른 르네상스 걸작들에 비해 높은 평가를 받지 못했기 때문에 루브르 박물관의 한 복도에 걸려 있었고 도난 방지 시스템도 갖추어 있지 않았었다. 이 틈을 타서 누군가 루브르 박물관에서 모나리자를 떼 내어 들고 나갔던 것이다. 그림이 전시되어 있는 자리에는 4개의 쇠못만이 덩그러니 남아 있었다.

더군다나 루브르 박물관 측은 모나리자가 도난당한 뒤, 만 하루가 지나고 나서야 이 사실을 공식 발표했다. 그동안 모나리자의 도난 사실을 알아채지 못했을 정도로 전시 작품에 대한 관리가 소홀했던 것이 함께 드러나면서 온 국민의 비난을 피할 수는 없었다.

이 사건이 언론에 알려지고 날마다 모나리자와 레오나르도 다빈치에 대한 신문 기사가 쏟아져 나오게 되면서 프랑스와 유럽은 물론, 전 세계의 뜨거운 관심이 집중되었다.

 1911년에 발생한 **❺** _____ 사건으로 모나리자는 전 세계의 관심을 받게 되었다.

✦ **소홀했던:** 대수롭지 아니하고 예사로웠던.

사건 직후, 프랑스 정부는 국경을 봉쇄한 채 루브르 박물관을 샅샅이 뒤졌으나 어떠한 단서도 찾지 못하였다. 루브르 박물관 측은 사라진 모나리자를 찾기 위해 거액의 보상금까지 내걸었지만, 단 한 명의 목격자도 찾지 못한 채 사건은 점점 미궁 속으로 빠져들었다. 경찰이 수사를 벌이는 동안 화가 파블로 피카소와 이탈리아 시인 기욤 아폴리네르가 범인으로 몰려 곤욕을 겪기도 했다.

수사를 시작한 지 2년이 지난 1913년 3월이 되어서야 이탈리아 피렌체의 한 미술상의 신고로 범인을 잡을 수 있었다. 모나리자를 훔쳐 간 범인은 이탈리아 출신의 화가이자 루브르 박물관 전 직원이었던 빈센초 페루자였다. 그는 다빈치가 그린 모나리자가 탄생지인 이탈리아에 있지 않고 프랑스에 있다는 사실에 격분해 그림을 훔쳤다고 주장했다. 이에 이탈리아 국민들은 그를 도둑이 아닌 국가적 영웅으로 대접하기에 이르렀고, 그의 형량은 고작 6개월 남짓이었다.

이렇게 도난당했던 모나리자는 피렌체에서 발견되었고, 프랑스 정부의 배려로 이탈리아 여러 도시에 전시되어 고국의 국민들에게 기쁨을 준 뒤 이듬해 무사히 루브르 박물관으로 돌아왔다.

그림을 되찾을 때까지 모나리자는 거의 매일 유럽의 신문에 등장했고, 이 사건으로 인해 모나리자는 오늘의 유명세를 얻었다고 한다.

✦**봉쇄한:** 굳게 막아 버리거나 잠금.
✦**미궁:** 사건, 문제 따위가 얽혀서 쉽게 해결하지 못하게 된 상태.

세계에서 가장 유명한 그림

레오나르도 다빈치의 대표작 모나리자는 세계에서 가장 유명하고 가치 있는 미술품 중의 하나이다. 모나리자의 신비한 미소는 전 세계 유명 작가들의 시와 노래뿐만 아니라, 광고와 대중문화에까지 이어져 여전히 큰 영향을 끼치고 있다.

루브르 박물관에서 모나리자를 직접 본 사람들은 생각보다 작은 그림의 크기에 놀라기도 한다. 그러나 이 조그마한 그림을 보기 위해 모나리자 앞은 늘 수많은 사람들로 인산인해를 이룬다.

루브르 박물관 측은 모나리자를 보호하기 위해 특수 방탄유리를 설치했고, 도난이나 ⁺훼손을 방지하기 위한 울타리까지 둘러쳐 놓았다. 하지만 계속해서 관람하는 사람들이 늘어나자, 결국 방문객 숫자를 통제하기 위해 ⁺사전 예약제를 실시하는 등 작품을 보호하기 위한 많은 노력을 하고 있다.

안개가 낀 듯 흐릿하게 피어나는 미소로 유명한 모나리자는 그림 자체가 주는 감동과 더불어 그림을 둘러싼 풀리지 않는 비밀과 소문 덕에 지금도 전 세계에서 가장 유명한 작품으로 대접받고 있다.

▲ 루브르 박물관에
전시되어 있는 '모나리자'

 한줄톡! 레오나르도 다빈치의 대표작 ❻ _____ 은/는 전 세계에서 가장 유명하고 가치 있는 미술품 중의 하나이다.

⁺**훼손:** 헐거나 깨뜨려 못 쓰게 만듦.
⁺**사전:** 일이 일어나기 전. 또는 일을 시작하기 전.

1 다음에서 밑줄 친 '이곳'은 어디인지 쓰세요.

> • 이곳은 세계 3대 박물관 중의 하나이다.
> • 레오나르도 다빈치가 그린 모나리자를 보려고 전 세계에서 해마다 무려 1,000만 명이 넘는 관람객들이 이곳을 찾는다.

✎ _____

2 모나리자의 미소와 관련한 설명으로 알맞지 <u>않은</u> 것은 무엇인가요? (   )

① 사람의 시선이 이동함에 따라 표정이 바뀐다.
② 무표정한 가운데 살짝 미소를 띤 모습이 신비롭게 느껴진다.
③ 왼쪽 입술과 오른쪽 입술의 표현 차이로 웃는 표정이 우세해 보인다.
④ 왼쪽 입술은 일자로 다물고 있는 데 반해 오른쪽 입술은 입꼬리가 살짝 올라가 있다.

3 모나리자의 미소에 담긴 감정이 <u>아닌</u> 것은 무엇인가요? (   )

① 행복   ② 분노   ③ 두려움   ④ 부끄러움

4 다음은 무엇에 대한 설명인지 쓰세요.

> • 안개를 표현하듯 색을 미묘하게 변화시켜 색상의 경계가 자연스럽게 넘어가도록 표현하는 명암법이다.
> • 레오나르도 다빈치는 모나리자를 그릴 때 이 미술 기법을 사용하였다.

✎ _____

5 모나리자의 실제 모델로 추정되는 인물이 <u>아닌</u> 사람은 누구인가요? (   )

① 안드레아 살라이　　　　　② 리자 디 게라르디니

③ 레오나르도 다빈치 자신　　④ 레오나르도 다빈치의 여동생

6 다음은 모나리자의 눈썹에 관한 어떤 가설을 뒷받침하는 증거인지 알맞은 것에 ○표 하세요.

> 특수 카메라로 촬영하니 눈썹이 있어야 할 자리에 여러 겹의 희미한 붓 자국이 있었다.

(1) 모나리자는 미완성의 작품이다. (   )

(2) 모나리자를 그릴 당시, 여성들이 눈썹을 뽑는 일이 유행했다. (   )

(3) 모나리자에는 원래 눈썹이 그려져 있었으나 이후 떨어져 나갔다.

(   )

7 다음에서 설명하는 프랑스 국왕의 이름을 쓰세요.

> • 레오나르도 다빈치를 프랑스로 초청하고 편히 지낼 수 있는 저택을 마련해 주는 등 든든한 지원을 아끼지 않았다.
> • 모나리자를 구입하여 퐁텐블로 성에 걸어 두었다.

✎ _____

8 모나리자가 전 세계의 뜨거운 관심을 받게 된 것은 어떤 사건 때문이었나요?

(   )

① 관람객의 부주의로 인해 모나리자가 훼손된 사건

② 이탈리아 피렌체에서 모나리자가 경매에 넘어간 사건

③ 스페인 마드리드에서 모나리자의 복제품이 발견된 사건

④ 루브르 박물관에 전시되어 있던 모나리자가 도난당한 사건

1 『모나리자』를 읽고 새로 알게 된 내용을 정리하며 빈칸에 알맞은 내용을 쓰세요.

작품명: ☐

화가: ☐

크기·종류: 가로 53㎝, 세로 77㎝ 크기의 유화

작품 내용: 한 여인의 초상화

제작 시기: 1503년~1506년 사이

소장하고 있는 곳: 루브르 박물관

모나리자의 신비한 미소

- 모나리자 얼굴의 왼쪽은 무표정한 것처럼 느껴지는 반면, 오른쪽 부분은 ☐.

- 모나리자의 미소에 담긴 감정을 과학적으로 분석한 결과, 행복 83%, 불쾌감 9%, 두려움 6%, 분노 2%의 순으로 나타났다.

- 스푸마토 기법을 사용하여 그림의 윤곽선을 ☐.

- 다빈치는 스푸마토 기법을 통해 모나리자의 신비로운 미소뿐 아니라 그림 전체에 ☐.

모나리자의 실제 모델

- 프란체스코 델 조콘다의 두 번째 부인 '[   ]'(으)로 가장 잘 알려져 있다.
- 다빈치의 제자였던 '안드레아 살라이'라는 설, [   ]을/를 여성화시켜 그렸다는 설, 자신을 낳아 준 어머니를 그렸다는 설 등이 있다.

모나리자의 눈썹

- 모나리자를 그릴 당시, 이마가 넓은 여자가 미인으로 여겨져 여성들이 눈썹을 뽑아 버리거나 눈썹을 가늘게 하는 게 유행이었다는 설이 있다.
- 다빈치가 말년에 오른손이 마비되어 [   ]는 설이 꾸준히 나오고 있다.
- 최근 [   ]는 가설이 가장 유력하다.

모나리자 도난 사건

- 1911년 8월, [   ]에 전시되어 있던 모나리자가 도난당하자, 전 세계의 뜨거운 관심이 집중되었다.
- 수사를 시작한 지 2년이 지나서야 한 미술상의 신고로 범인이 잡히고 모나리자는 [   ]에서 발견되었다.
- 그림을 되찾을 때까지 거의 매일 유럽의 신문에 등장했고, 이 사건으로 인해 [   ].

1 모나리자의 신비한 미소는 어디에서 비롯된 것일까요? 모나리자의 얼굴을 부위별로 살펴보고 각각의 표정은 어떠한지 쓰세요.

•••
모나리자는 사람의 시선이 이동함에 따라 표정이 바뀌어 보이기도 하고, 눈과 입 모양 등에 따라 표정이 달라 보이기도 해요. 얼굴의 각 부위를 자세히 살펴보고, 어떤 표정이 느껴지는지 써 보세요.

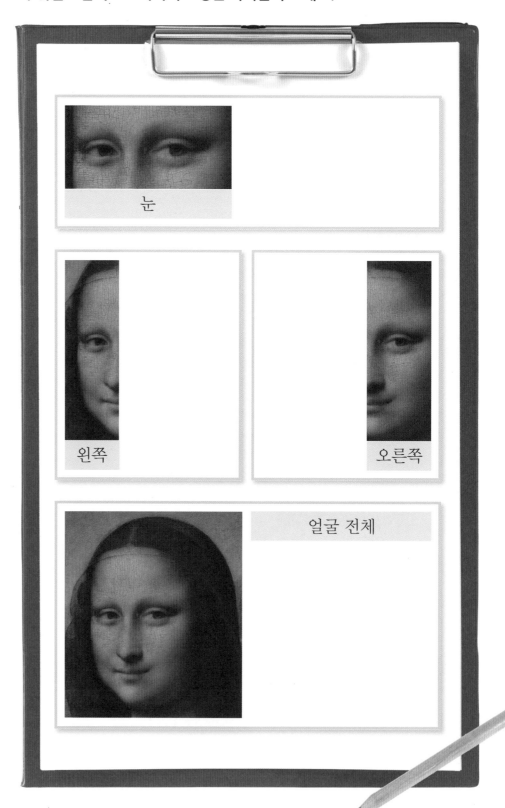

눈

왼쪽

오른쪽

얼굴 전체

2 다음 모나리자 도난 사건의 범인 빈센초 페루자가 한 말을 읽고, 빈센초 페루자의 의견이 타당한지 평가해 보세요. 그리고 모나리자를 어디에서 소장하는 것이 맞다고 생각하는지 그 까닭을 쓰세요.

모나리자 도난 사건의 범인이 밝혀지자, 이탈리아 사람들은 빈센초 페루자를 도둑이 아닌 애국자로 대접하기도 했대요. 이런 일에 대한 자신의 생각을 정리해 보세요.

레오나르도 다빈치는 이탈리아의 예술가이고, 나는 모나리자를 고국인 이탈리아로 돌려보내고자 이와 같은 일을 한 것입니다.

● 빈센초 페루자의 의견이 타당하다고 생각하나요?

나는 빈센초 페루자의 의견이 **타당하다** **타당하지 않다**

고 생각한다. 왜냐하면 _____

_____

_____ 때문이다.

● 모나리자는 어디에서 소장하는 것이 맞다고 생각하나요?

나는 모나리자를 **프랑스** **이탈리아** 에서 소장하는 것이

맞다고 생각한다. 왜냐하면 _____

_____

_____ 때문이다.

3 현대에 들어서면서 많은 예술가들이 모나리자를 창의적으로 바꾸어 표현했어요. 내 시각이 잘 드러나게 모나리자를 새롭게 바꾸어 표현해 보고, 알맞은 제목도 붙여 보세요.

● ● ●
모나리자의 모습을 어떻게 바꾸고 싶은지 생각해 보고, 자신의 생각이나 느낌을 덧붙여 창의적으로 나타내 보세요.

제목:

잘 알려진 유명한 작품을 작가가 새로운 시각으로 모방한 작품을 '패러디(parody)'라고 해. 작품을 정밀히 분석해 자신의 생각을 덧붙여 표현한다는 점에서 표절과는 구별이 돼.

4 모나리자를 관람하러 온 사람들에게 팸플릿을 나누어 주려고 해요. 내가 알고 있는 내용과 더 조사한 내용을 바탕으로 하여 안내 자료를 완성해 보세요.

'팸플릿'이란 간단한 설명이나 선전, 광고 등을 위해 만든 다양한 형태의 작은 책자를 말해요. 관람객들에게 도움이 될 수 있도록 각 항목에 알맞은 모나리자에 대한 정보를 요약해 보세요.

모나리자
(Mona Risa)

관람 시간 안내

월, 목, 토, 일요일	09:00~18:00
수요일, 금요일	09:00~21:45
화요일	휴무

홈페이지: www.louvre.fr

모나리자를 소개하면	
모나리자를 보기 위해서는	
모나리자의 관람 포인트는	
모나리자에 쓰인 기법은	모나리자의 신비로운 미소와 살아 있는 듯한 얼굴, 손을 스푸마토 기법(윤곽선을 안개가 낀 것처럼 뿌옇게 그리는 방법)으로 표현했음.
모나리자의 인기 비결은	

Musée du Louvre

르네상스를 빛낸 천재 - 레오나르도 다빈치

레오나르도 다빈치는 1452년 이탈리아의 빈치라는 마을에서 태어났어요. 그는 어려서부터 모형을 만들고 스케치를 하는 데 관심이 많았어요.

다빈치의 재능을 알아본 아버지는 다빈치가 열네 살쯤 되던 해 피렌체로 이사를 했고, 다빈치는 거장 '안드레아 델 베로키오'의 제자로 들어가서 그림 그리는 일을 배웠어요. 그의 솜씨는 곧 스승을 놀라게 했고, 다빈치는 스무 살이 되던 1472년에 프렌치 화가 조합의 정식 회원이 되었습니다.

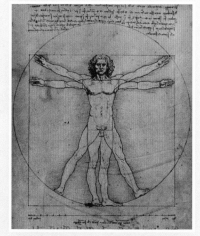

▲ 다빈치가 그린 인체 비례도

1482년 서른이 된 다빈치는 밀라노로 옮겨 그곳에서 화가이자 군사 기술자, 건축가로 일하며 17년 동안 머물렀어요. 이 시절 그는 다양한 분야의 학자들과 교류하며 식물학, 물리학, 천문학, 토목학, 해부학 등 온갖 분야에 대한 관심을 키워 나갔어요. 다빈치는 시체를 30구 넘게 해부해 가며 수준 높은 해부도를 그렸는데, 이것은 의학 발전에도 큰 영향을 끼쳤어요. 또 오늘날의 낙하산, 비행기, 전차, 잠수함, 증기 기관, 습도계에 해당하는 것들을 그림으로 기록했습니다.

이런 다방면으로의 관심과 호기심 때문에 수많은 발명을 해내었지만, 정작 그의 평생에 걸쳐 남긴 미술 작품은 그리 많지 않은 편이에요.

1516년 프랑스 루아르의 앙부아즈로 옮겨 간 다빈치는 1519년, 예순 일곱의 나이로 세상을 떠났어요.

'모나리자', '최후의 만찬' 등을 그린 화가일 뿐만 아니라 과학을 비롯한 다양한 분야에서 두루 활약했던 레오나르도 다빈치는 500여 년이 지난 오늘날까지 르네상스 시대의 이탈리아가 낳은 대표적 만능 천재로 추앙받고 있어요.

✦추앙: 높이 받들어 우러러봄.

이런 책도
있어요

박수현, 『세상이 반한 미소 모나리자』, 국민서관, 2012
루스 브로클허스트 외, 『명화를 남긴 최고의 화가들』, 사파리, 2012
노성두, 『창조의 수수께끼를 푼 레오나르도 다빈치』, 아이세움, 2002

쉬어가기

두 눈을 크게 떠요! **집중력 테스트** [난이도 : 상 ⭐ 중 ⭐ 하]

❋ 세 친구들이 멋진 포즈를 뽐내고 있네요. 개성이 넘치는 세 친구들 사이에 숨어 있는 여덟 가지 그림들을 찾아보세요.

• 정답은 가이드북 13쪽을 확인하세요.

3주

고전 수필 사회, 역사

🏅 독서논술계획표

⟩ 다음 단계에 맞게 공부한 날짜를 쓰세요.

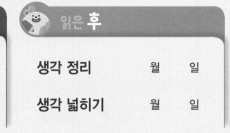

😊 읽기 전			😊 읽는 중			😊 읽은 후		
생각 열기	월	일	생각 쌓기	월	일	생각 정리	월	일
낱말 탐구	월	일	내용 확인	월	일	생각 넓히기	월	일

독서 노트	월	일

갓

이덕무

※ 이덕무(1741~1793)는 조선 후기의 실학자로, 대표적인 저서로 『청장관전서』가 있습니다.

생각 열기

1 외국인들이 우리나라의 '갓'에 관심을 갖자, 인터넷 쇼핑몰에도 '갓'이 등 장했어요. 갓을 처음 본 다음 외국인들의 대화 내용을 보고, '갓'에 대한 내 생각이나 느낌을 쓰세요.

• • •

갓은 예전에 어른이 된 남자가 머리에 쓰던 모자의 하나예요. 갓에 대한 외국인들의 생각을 보고 자신은 어떤 생각이 들었는지 자유롭게 써 보세요.

양반 갓 선비 갓 (대) 지름 약: 42cm

| 판매 가격: 12,900원 |
| 소비자 가격: 20,000원 |

원산지: 한국, 성인용입니다
사이즈: 약 지름42cm×내경15cm×높이15cm
무게: 약 125그램
고객선호도: ★★★★★
본 상품은 해외 배송이 가능합니다.

▶ 바로구매　▶ 장바구니

햇볕을 가릴 때 쓰는 물건 같아요.

에이미

스웩이 넘치는 모자네요.

윌리엄

멋스럽긴 하지만 쓰고 다니기엔 불편할 것 같아요.

나카무라

'갓'에 대한 내 생각이나 느낌

----

2 다음은 우리나라의 옛 모자입니다. 각각의 모자와 어울리는 옷차림을 한 사람을 찾아 알맞게 선으로 이으세요.

조선 시대로 들어오면서 모양과 장식, 용도 등에 따라 남자들의 모자가 다양하게 발전했어요.

• 삿갓: 비나 햇볕을 막기 위하여 대오리나 갈대로 거칠게 엮어서 만든 갓.
• 두건: 흔히 상을 당했을 때 머리에 쓰는 베로 만든 모자.
• 패랭이: 대나무를 가늘게 쪼개 엮어 만든 갓으로, 주로 역졸이나 보부상이 썼음.

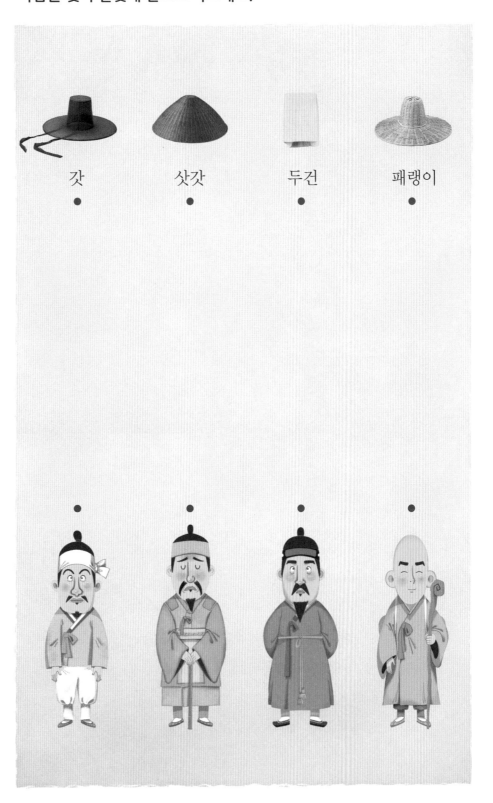

갓   삿갓   두건   패랭이

낱말 탐구

1 주어진 낱말의 뜻을 살펴보고, 문장의 뜻이 잘 통하도록 알맞은 낱말을 찾아 ○표 하세요.

군사 일을 맡은 관리.

예전에 병서와 활쏘기 등의 무예 기술이 뛰어난 사람들은 **문관** **장관** **무관** 이 되는 시험을 봤다.

귀함과 천함.

할아버지께서는 항상 직업에 는 **귀속** **귀신** **귀천** 이 없다고 말씀하시며 좋아하는 일을 선택하라고 하셨다.

상을 당해 입는 옷.

장례식장에 도착하자마자 **상복** **상의** **상점** (으)로 갈아입은 삼촌은 슬퍼할 새도 없이 손님을 맞았다.

어느 때의 가운데.

세종대왕은 글자 없이 생활하는 백성들을 위해서 15세기 **중심** **중도** **중엽** 에 훈민정음을 만드셨다.

깨어져 못 쓰게 됨.

이번에 내린 폭우로 인해 우리 마을의 많은 건물과 도로가 **파국** **파손** **파양** 되었다.

통역하는 관리.

역군 **역관** **역적** 은 비록 중인 계급에 속하였지만, 외교 관계에 있어 없어서는 안 될 중요한 존재였다.

2 다음 낱말과 뜻풀이를 살펴보고, 빈칸에 알맞은 낱말을 보기 에서 찾아 쓰세요.

보기   성격   세상   실패   이상   한숨   황당

나태하다

행동, [　　　] 따위가
느리고 게으르다.

반포하다

[　　　]에 널리 퍼뜨
려 모두 알게 하다.

해괴하다

크게 놀랄 정도로 매우
[　　　] 하고 야릇하다.

허황되다

헛되고 [　　　] 하며
미덥지 못하다.

낭패스럽다

계획한 일이 [　　　]
하거나 잘못될 듯한 상태
에 있다.

한탄하다

원통하거나 뉘우치는 일
이 있을 때 [　　　] 을/
를 쉬며 탄식하다.

💡 글쓴이의 주장과 주장에 대한 근거를 정리하며 읽어 보세요.

갓

이덕무

갓은 비를 피하는 도구이다

갓은 농부가 비를 피하는 도구였다. 그런데도 우리나라 사람들은 귀천을 가리지 않고 관혼상제 때마다 쓰고, 비가 오지 않을 때도 쓴다. 이것은 아무 의미 없는 일이다.

어떤 사람은, "우리나라 사람이 싸우기를 좋아하므로, 먼 옛날 '기자'라는 사람이 우리나라에 와서 큰 갓을 씌우고 긴 소매의 옷을 입혀 백성들이 몸을 마음대로 움직이지 못하게 하였는데, 그것은 다 싸움을 금지하기 위한 것이었다."라고 했는데, 이는 믿을 수 없는 허황된 말이다.

또 '이익'의 『성호사설』에는 갓이 옛날 고깔로부터 비롯된 것이라고 하는데 그렇지 않다. 고깔은 꽈리와 같이 생겼으므로 꽈리를 '고깔풀'이라고도 하는데, 지금의 갓은 위는 평평하고 아래 모자 둘레는 넓다. 따라서 고깔 같다고 할 수 없다. 옛날에 풀로 갓을 만들어 비를 피했던 것일 따름이다.

✦**관혼상제**: 관례, 혼례, 상례, 제례를 아울러 이르는 말.
✦**이익(1681~1763)**: 조선 영조 때의 대표적인 실학자로, 천문, 지리, 의학 등에 업적을 남겼음.
✦**고깔**: 승려나 무당 또는 농악대들이 머리에 쓰는, 위 끝이 뾰족하게 생긴 모자.

갓은 고쳐야 한다

요즈음 갓의 모양새는 점점 높고 넓어져서 쓰기에 불편하고 훌륭한 멋이 없으며, 균형이 안 맞아 *볼품이 없다. 속담에 '갓이 너무 크면 *항우(項羽)라도 쭈그러들고, 갓이 파손되면 학자도 낭패스럽다.'라고 했다.

나라에서 갓을 쓰지 못하게 명령을 내리고 별도로 *쓰개를 만들어 반포하되, 등급을 정해 그에 맞게 쓰도록 해야 한다. 다만 작은 삿갓을 만들어 말 타는 자와 걸어야 하는 자가 들길을 지날 때에는 머리에 쓰고 비를 피하거나 햇볕을 가리는 도구로 하는 것은 괜찮다.

그 모양새는 이마를 덮을 수 있으면 되고, 꼭대기는 지금의 갓처럼 평평하지 않아도 좋으며, 만약 꺾을 수 있으면 꺾어서 무관들이 쓰는 벙거지처럼 뾰족하지 않은 것이 좋다. 다만 *갓모자의 높이는 조금 낮추고 갓양태는 날카롭지 않게 해야 한다. 베 2자 5푼이면 되고, 갓끈은 넓되 길게 할 필요는 없다. 평양 무열사에 있는 *이여백의 얼굴을 그린 그림을 보면 알 수 있는데, 이것이 좋은 예가 될 수 있다.

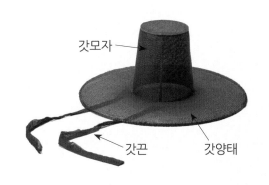

▲ 갓의 각 부분별 명칭

 쓰기에 불편하고 훌륭한 멋이 없고 볼품이 없으므로 나라에서 ❶_____을/를 쓰지 못하게 하고, 별도로 쓰개를 만들어 반포해야 한다.

✦**볼품**: 겉으로 드러나 보이는 모습.
✦**항우**: 중국 진나라 말기의 장수로, 덩치가 크고 힘이 아주 센 사람을 비유적으로 이르는 말.
✦**쓰개**: 머리에 쓰는 물건을 통틀어 이르는 말.
✦**갓모자**: 갓양태 위로 우뚝 솟은 원통 모양의 부분.
✦**갓양태**: 갓모자의 밑 둘레 밖으로 둥글넓적하게 된 부분.
✦**이여백**: 명나라 말기의 장군으로, 임진왜란 때 벽제관 전투에서 크게 활약하였음.

갓의 폐단은 이루 다 말할 수 없다

　갓의 폐단은 말할 수 없이 많다. 나룻배를 타고 갈 때 바람이 불면 배가 기우뚱거리는데, 이때 작은 배 안에서 급히 일어나면 갓양태의 끝이 남의 이마를 찌른다. 좁은 상에서 함께 밥을 먹을 때에는 갓양태 끝이 남의 눈을 다치게 하며, 여러 사람이 모인 자리에서는 난쟁이가 갓 쓴 것처럼 민망하다.

　이는 사소한 일이지만 들을 지날 때 비바람이 몰아치면 갓모자는 좁고 갓양태는 넓고 지투(紙套)는 뻣뻣하여, 바람이 그 사이로 들어오면 펄럭이는 소리가 천둥 같은데, 위로 갓이 말려 멋대로 펄럭인다. 양쪽 갓끈을 단단히 동여매면, 갓끈이 끊어질 듯 팽팽해져 턱과 귀가 모두 당겨 올라가고 상투와 수염이 빠지려 한다.

　비옷은 머리에 써서 손으로 잡는 것인데, 비바람이 심하게 불 때는 갓이 펄럭여 갓끈이 풀리고 벗겨질 듯해 어쩔 수 없이 손으로 갓의 좌우를 붙잡아야 한다. 그러나 빗물이 넓은 소매로 들어오므로 무거워서 들 수가 없다. 또 말이 자빠지려 할 경우에는 어떻게 손으로 고삐를 잡겠는가?

✦**지투**: 갓을 보호하기 위해 갓의 정수리 부위 안쪽과 갓의 정면에 대는, 종이 덮개.

　이렇게 되면 품위를 잃은 것을 부끄러워할 겨를은커녕 목숨마저 매우 위태로운 지경에 이르는 것이다.

　이는 다 갓모자가 좁아 머리를 덮지 못하고 갓양태가 넓어 바람을 많이 타기 때문이다.

　일찍이 ✦여진족 사람이 말 타는 것을 보았는데, 급한 비를 만나면 얼른 소매와 옷깃이 있는 비옷을 입고 또 '✦폭건'처럼 부드러운 모자를 쓰고 채찍질하여 달렸다. 그러니 어찌 쾌활하지 않겠는가?

　또 지금의 갓은 ✦허술하게 만들어져서 갓모자와 갓양태 사이에 ✦아교가 떨어지면 서로 빠져 버린다.

　역관들이 중국에 들어갈 때 요동 들판을 지나다가 비를 만나 갓양태는 파손되어 달아나고 다만 모자만 쓰고 가니, 이것을 보고 중국 사람이야 우리나라 풍속에 그런 쓰개가 있을 것이라 여기고 보통으로 보나, 같이 간 사람은 다 비웃는데 그렇다고 어디서 갓을 사겠는가?

 갓의 **❷**＿＿＿＿＿＿은/는 말할 수 없이 많은데, 이는 모두 갓모자가 머리를 덮지 못할 정도로 좁고 갓양태가 너무 넓기 때문에 생기는 것이다.

✦**여진족**: 만주에 살던 청나라를 세운 민족.

✦**폭건**: 옛날 여진족 남자들이 쓰던 검은 헝겊으로 된 쓰개.

✦**허술하게**: 치밀하지 못하고 엉성하여 빈틈이 있게.

✦**아교**: 짐승의 가죽, 힘줄, 뼈 따위를 진하게 고아서 굳힌 끈끈한 것으로, 접착제로 쓰임.

매번 들길을 가는 사람들을 보니, 비를 만나도 갓 위에 씌울 것이 없는 사람들은 갓양태가 빠져 나가고 부서질까 걱정되어 풀을 뜯어 갓양태 아래에 테를 만들어 가리거나, 갓을 벗어 겨드랑이에 끼고 한 손으로는 상투를 잡고 허겁지겁 달린다.

갓 하나의 값이 보통 3, 4백 냥이 되어 갓을 생명처럼 보호하는 것인데, 그 모습이 ◆궁색하고 ◆구차하다.

게다가 풀로 만든 갓은 생김새도 매우 괴상하다. 소년들은 물론이고, 관가의 아전들도 법도에 맞지 않게 쓴다. 좋은 일과 나쁜 일에 구별 없이 쓰니 도무지 예절에 맞지 않다. 또 ◆빽빽하여 통풍이 안 되므로 바람이 불면 풀갓의 끈이 턱을 파고든다. 할 수 없이 시원하게 끈을 풀면 바람에 날려가 마치 종이연 모양으로 멀리 날아가 버려 잃어버리기 쉽다. 나이가 좀 든 사람이 풀갓을 어깨 뒤로 드리우고 다니는 것은 더욱 괘씸하고 얄밉다. 또 만드는 과정이 어렵고 값도 비싸니 금하게 하는 것이 좋다.

▲ 풀갓(초립)

대체로 나태한 풍습과 오만한 태도가 모두 갓에서 생기니 어찌 옛 풍속이라 하여 따르고 금지하지 않을 수 있겠는가?

 한줄톡! 나태한 풍습과 ❸_____이/가 모두 갓에서 생기니 갓의 폐단을 바로잡아 금하는 것이 옳다.

◆궁색하고: 아주 가난하고.　　　　　　◆구차하다: 살림이 몹시 가난하다.
◆풀갓: 예전에 주로 어린 나이에 관례를 한 사람이 쓰던 갓으로, 가늘게 쪼갠 대나무나 갈대를 엮어서 만듦. '초립'이라고도 함.

여러 가지 갓을 논하다

패랭이는 비렁뱅이의 갓으로, 그 생김새와 만드는 방법을 고치는 게 마땅하다. 갓모자를 조금 크게 하여 평평하지도 뾰족하지도 않게 해야 한다. 갓양태를 짧게 끊어 흔들리거나 뒤집히지 않도록 해야 한다. 칠을 하거나 물을 들여서 약간의 장식을 하면 비

▲ 패랭이

렁뱅이의 꼴에서 벗어날 수 있을 것이며, 시골 사람들이 나다닐 때의 차림으로 어울리는 갓이 될 것이다.

세모꼴의 일본 삿갓 같은 것은 해가 보이지 않으니 농부가 밭갈이할 때에나 쓰도록 하고, 평상시에는 그것을 쓴 채 성 안으로 들어오지 못하도록 엄격하게 금지하는 것이 옳다. 다만 스님들이 쓰는 풀로 만든 갓은 허용하되, 그 모양새를 고쳐서 들에서 지낼 때를 대비하는 차림새로 정하는 것이 옳다.

한줄 톡! ❹ _____ 은/는 생김새와 만드는 방법을 고치는 것이 마땅하고, 세모꼴의 일본 삿갓 같은 것은 농부가 밭갈이할 때나 쓰게 한다.

✦**논하다:** 옳고 그름 따위를 따져 말하다.
✦**비렁뱅이:** '거지'를 낮잡아 이르는 말.
✦**마땅하다:** 그렇게 하거나 되는 것이 이치로 보아 옳다.

네모난 방갓은 금나라 사람들이 쓰던 것인데 고려 시대 말기에 재상들이 썼다. 조선 시대 중엽에는 관아의 말단 관리들이 썼으나, 지금은 상을 당한 사람들이 쓰는 것이 되었다. 그 제도는 더 해괴하다. 우리나라의 상복은 대체로 예절과 제도가 갖추어져 있으니 그에 따르면 된다. 머리에 오랑캐 갓을 쓰는 것은 바르게 고쳐야 한다.

▲ 방갓

▲ 들갓(야립)

대나무로 만든, 갓모자의 통이 크고 갓양태는 짧은 들갓을 쓰는 것은 좋다. 중국의 들갓은 풀 줄기를 빙 돌려서 만드는데, 갓모자는 낮고 갓양태는 짧으며 이마에 닿는 모자테 부분에 검은 실을 꼬아 꾸민다. 여름에 시골에서 이것을 쓰면 차분하고 넉넉한 멋이 있다.

중국에서 오랑캐 만주족의 옷차림을 하게 된 뒤로 선비들은 붉은 모자를 싫어하게 되어 집에 있을 때 이 들갓을 쓰기도 했다. 그래서 초상화에도 가끔 이 갓이 그려져 있다. '왕사진'이라는 벼슬아치의 초상화를 보면 그가 높은 벼슬자리를 했는데도 이 갓을 썼다. 그것이 보통 것보다는 좀 높고 크기는 했지만, 그의 마음을 생각해 보면 이해가 된다.

✦**방갓:** 왕골로 속을 받쳐 삿갓처럼 만들고 가장자리를 4개의 꽃잎처럼 마무리한 쓰개.
✦**재상:** 임금을 돕고 모든 관원들을 지휘하고 감독하는 일을 맡아보던 이품 이상의 벼슬.
✦**말단:** 조직에서 제일 아랫자리에 해당하는 부분.
✦**들갓:** 우산과 비슷한 모양으로 생긴 삿갓의 하나로, 주로 농민들이 들에서 일할 때 햇볕이나 비를 가리는 용도로 사용했음. '야립'이라고도 함.

일찍이 강씨 성을 가진, 늙은 선비를 보았다. 들갓을 쓰고 거친 명주로 짠 누런 비단옷을 입고 지팡이를 끌며 책을 안고 왔는데, 그 모습이 한 폭의 그림을 보는 듯했다. 오히려 오랑캐의 붉은 모자에 검은 옷차림보다 훨씬 나아 보인다.

삿갓은 중국에서 제일 넓고 큰 스님 갓과 비슷하다. 중국 스님의 의복은 우리나라의 도포와 비슷한데, 다만 색이 검고 옷깃이 점잖지 못하다. 이런 까닭에 우리나라의 이름난 한 선비가 중국 연경을 유람할 때, 도포에 허리띠를 매고 삿갓을 쓰고 가니, 사람들이 모두 손가락으로 가리키며 비렁뱅이 스님이라고 수군거렸다.

스스로 예의 바른 차림으로 여긴 것이 겨우 비렁뱅이 스님이라고 불리게 된 것이니 참으로 한탄할 일이다.

 갓모자의 통이 크고 갓양태가 짧은 ❺ _____ 을/를 쓰는 것은 좋다.

✦**도포**: 옛날 남자가 입던 보통 예복으로, 소매가 넓고 등 뒤에는 딴 폭을 댄 겉옷.
✦**연경**: 중국 베이징의 옛 이름.　　　　　　　　　✦**유람할**: 돌아다니며 구경할.

몽골의 갓도 우리나라의 갓과 비슷하나, 높이가 좀 낮고 작으면서도 단단하고 튼튼하다. 금으로 칠하고 창포꽃이 그려져 있는데 군사들의 차림으로 쓰기 좋다.

▲ 벙거지(전립)

우리나라의 벙거지는 옛날에 군사들만 써서 '전립'이라고도 한다. 평민들은 패랭이를 써 왔는데, 청나라와의 전쟁 이후로 군사들은 물론이고 평민들도 벙거지를 쓰게 되었다. 벙거지의 갓모자는 베로 만든 갓에 비해 작고 뾰족했는데, 요즘에는 갓양태가 점점 넓어져 베로 만든 갓과 다름이 없다. 그것 또한 폐단이 크다.

또 사계절 항상 쓰는 까닭에, 겨울에는 털옷을 입고 여름에는 칡으로 만든 베옷을 입는 것처럼 계절에 따라 입는 뜻이 전혀 없다. 여름에 벙거지를 쓰고 겨울에 부채 부치는 것처럼 참으로 정반대라 하겠다.

나라에서 명령을 내려 백성들이 봄여름에는 새끼나 대나무로 중국의 들갓처럼 만들어 쓰게 하는 것이 좋고, 가을이나 겨울에는 벙거지를 쓰되, 갓모자의 통은 크고 갓양태는 짧게 하여 이마를 충분히 덮을 수 있게 하는 게 좋다.

✦**새끼**: 짚으로 꼬아 줄처럼 만든 것.

이렇게 쓰개를 쓰는 법과 격식이 매우 쉬운데도 불구하고, 저마다 의견이 달라서 주저하다가 마침내 중지했다.

임진왜란 때에 중국 명나라 병사가 우리나라에 와 우리 옷차림이 거추장스러운 것을 보고 비웃었다. 그래서 나라에서는 중국 제도에 따르기로 하고 명나라에 사람을 보내 의복 짓는 양식을 익히게 했다. 또 백성들에게 갓 쓰는 것을 금지하였다. 그러나 백성이 풍속을 바꾸는 것을 어려워하여 집에서는 꼭 갓을 쓰고, 문 밖에 나갈 때에는 두려워서 감히 쓰지는 못하지만 갓을 끼고 다녔다. 그 뒤에 다시 머뭇거리다 금지하지 못했다. 이러한 좋은 기회에 바꾸지 못했으니, 정말 어떻게 해 볼 수도 없다.

나라에서 명령을 내려 갓을 쓰지 못하게 하고 별도의 쓰개를 만들어 반포하되, 등급에 대한 차별을 정해야 한다.

 한줄 톡! 나라에서 명령을 내려 갓을 쓰지 못하게 하고, 별도의 ❻ _____ 을/를 만들어 반포하되 등급을 정해야 한다.

1 갓은 원래 무엇에 쓰는 도구라고 했는지 쓰세요.

🖉 _____

2 글쓴이가 갓을 고쳐야 한다고 주장한 까닭으로 알맞지 <u>않은</u> 것은 무엇인가요?
( )

① 훌륭한 멋이 없기 때문에
② 이마를 너무 많이 덮기 때문에
③ 균형이 안 맞아 볼품이 없기 때문에
④ 모양새가 높고 넓어져 쓰기에 불편하기 때문에

3 글쓴이가 말한 갓의 폐단에 해당하는 것에 모두 ○표 하세요.

⑴ 파손되기 쉽고 값이 비싼 점 ( )
⑵ 지나치게 얇고 부드러워서 비에 젖기 쉬운 점 ( )
⑶ 갓양태 끝이 남의 이마를 찌르거나 눈을 다치게 하는 점 ( )
⑷ 비바람이 심할 때 손으로 갓의 좌우를 붙잡느라 비옷을 제대로 쓸 수 없는 점 ( )

4 풀갓을 금지해야 한다는 글쓴이의 의견에 대한 근거로 알맞지 <u>않은</u> 것은 무엇인가요? ( )

① 뜨거운 햇빛을 막아 주지 못한다.
② 만드는 과정이 어렵고 값도 비싸다.
③ 사람들이 법도와 예절에 맞지 않게 쓰는 경우가 많다.
④ 빽빽하여 통풍이 안 돼 바람이 불면 끈이 턱을 파고든다.

5 다음은 어떤 갓과 관련 있는 내용인가요? (   )

> 생김새와 만드는 방법을 고치면 비렁뱅이의 꼴에서 벗어날 수 있다.

① 삿갓   ② 방갓   ③ 들갓   ④ 패랭이

6 글쓴이가 말한 들갓의 특징으로 알맞지 <u>않은</u> 것은 무엇인가요? (   )

① 갓양태가 짧다.
② 갓끈이 얇고 길다.
③ 갓모자의 통이 크다.
④ 여름에 시골에서 쓰면 차분하고 넉넉한 멋이 있다.

7 글쓴이는 백성들의 쓰개가 어떠해야 한다고 했는지 계절에 맞게 선으로 이으세요.

(1) 봄과 여름 •

•㉮ 새끼나 대나무로 중국의 들갓처럼 만들어 쓴다.

(2) 가을과 겨울 •

•㉯ 벙거지를 쓰되, 갓모자의 통은 크고 갓양태는 짧게 하여 이마를 충분히 덮을 수 있게 한다.

8 이 글을 통해 글쓴이가 주장하는 내용은 무엇인가요? (   )

① 갓을 중국의 풍속에 따라 고쳐야 한다.
② 백성들에게 갓 쓰는 예절을 가르쳐야 한다.
③ 갓 쓰는 것을 금지하고 별도의 쓰개를 정해 널리 퍼뜨려야 한다.
④ 백성들이 귀천을 가리지 않고 갓을 쓰도록 제도를 바꾸어야 한다.

생각 정리

1 『갓』에서 글쓴이의 주장과 근거를 정리하며 빈칸에 알맞은 말을 쓰세요.

문제 제기	글쓴이의 주장
갓의 모양새는 점점 높고 넓어져 쓰기 불편하고,	

사소한 문제

품위를 잃고, 죽고 사는 문제

허술함과 그 외의 문제

주장에 대한 근거 - 갓의 폐단

- 기우뚱거리는 나룻배에서 급히 일어나면 갓양태의 끝이 남의 이마를 찌른다.
- 좁은 상에서 함께 밥을 먹을 때에는 [   ].
- 여러 사람이 모인 자리에서는 난쟁이가 갓 쓴 것처럼 민망하다.

- 들을 지날 때 비바람이 몰아치면 [   ].
- 갓끈을 단단히 동여매면, 갓끈이 끊어질 듯 팽팽해져 턱과 귀가 모두 당겨 올라가고 상투와 수염이 빠지려고 한다.
- 비바람이 심할 때면 [   ] 비옷을 머리에 제대로 쓸 수가 없고, 말이 자빠지려 할 때 고삐를 잡을 수도 없다.

- 갓모자와 갓양태 사이에 아교가 떨어지면 [   ].
- 값비싼 갓을 보호하는 모습이 궁색하고 구차하다.
- 풀갓은 바람이 불면 끈이 턱을 파고들고, 끈을 풀면 [   ].
- 만드는 과정이 어렵고 [   ].

➡ 나태한 풍습과 오만한 태도가 생긴다.

1 갓은 어디서 비롯된 것인지 각각의 주장을 정리해 빈칸에 알맞은 말을 쓰고, 갓의 유래에 대한 내 의견을 자유롭게 쓰세요.

글에 나타난 갓에 대한 여러 사람의 의견을 정리해 보고, 자신은 어떻게 생각하는지 떠올려 보세요.

어떤 사람

먼 옛날 '기자'라는 사람이 우리나라에 와서 백성들이 [   ]을/를 하지 못하게 하려고 만들어 쓰게 한 것이오.

갓은 풀로 갓을 만들어 [   ]을/를 피했던 데서 비롯되었지요. 즉, 농부가 비를 피하는 도구였습니다.

글쓴이

이익

갓은 옛날 [   ](으)로부터 비롯된 것이오.

갓의 유래는 무엇일까요?

----

2 글쓴이는 백성들의 쓰개를 어떻게 고쳐야 한다고 했는지 빈칸에 알맞은 내용을 쓰세요.

글쓴이가 말한 각 쓰개를 쓰는 법과 격식에 맞게 내용을 정리해 보세요.

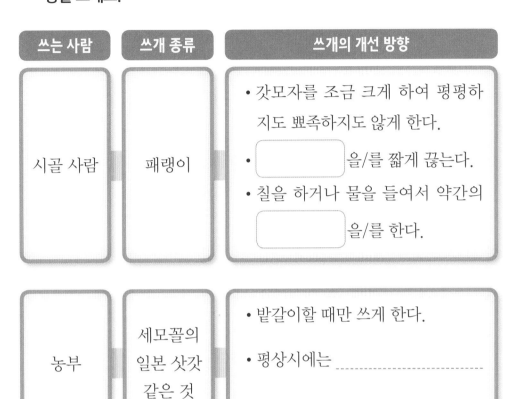

쓰는 사람	쓰개 종류	쓰개의 개선 방향
시골 사람	패랭이	• 갓모자를 조금 크게 하여 평평하지도 뾰족하지도 않게 한다. • ⬜ 을/를 짧게 끊는다. • 칠을 하거나 물을 들여서 약간의 ⬜ 을/를 한다.
농부	세모꼴의 일본 삿갓 같은 것	• 밭갈이할 때만 쓰게 한다. • 평상시에는 _____
상을 당한 사람	방갓	• 상복은 예절과 제도가 갖추어 있으니 그에 맞게 입고, _____
군사, 평민		• 가을과 겨울에만 쓰도록 한다. • _____

글쓴이는 '여러 가지 갓을 논하다' 부분에서 각 쓰개를 쓰는 법과 격식에 대해 말하고 있어.

3 글쓴이는 갓을 어떻게 고쳐야 한다고 했는지 정리해 보고, 글쓴이의 주장에 따라 고친 갓의 모습을 그림으로 그려 보세요.

글에 제시된 내용을 각 부분별로 정리해 보고, 고친 갓의 모양이나 형태를 짐작하여 그림으로 표현해 보세요.

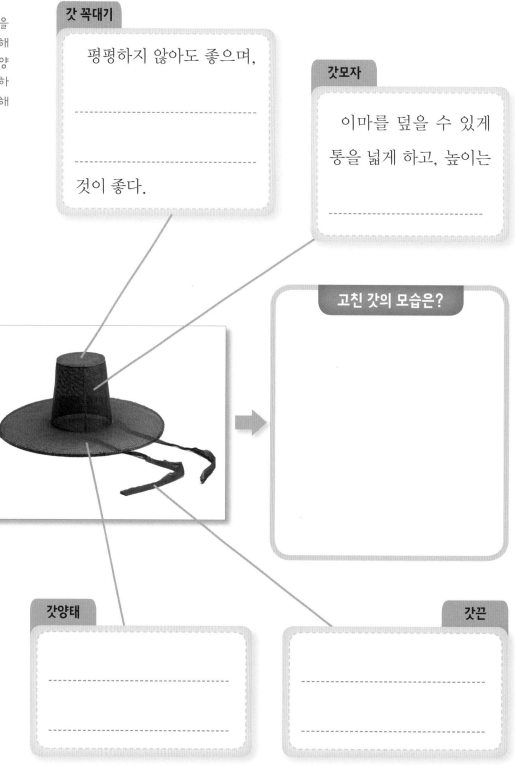

갓 꼭대기

평평하지 않아도 좋으며,

것이 좋다.

갓모자

이마를 덮을 수 있게 통을 넓게 하고, 높이는

고친 갓의 모습은?

갓양태

갓끈

----

4 글쓴이가 갓을 금지하지 못한 까닭은 무엇 때문이라고 했는지 빈칸에 알맞은 내용을 쓰고, 갓을 금지하지 못한 것에 대한 내 의견과 그렇게 생각하는 까닭을 쓰세요.

● ● ●

폐단이 있었음에도 갓을 금지하지 못한 까닭을 정리해 보고, 갓을 금지하지 못한 것에 대한 자신의 의견을 정한 다음, 그것을 뒷받침할 수 있는 타당한 근거를 들어 보세요.

쓰개를 쓰는 법과 격식이 매우 쉬운데, --------------------- --------------------------------- _____ 중지하고 말았지.

백성이 --------------------- _____ 을/를 어려워 하였고, 머뭇거리다 금지하지 못했어.

갓을 금지하지 못한 것에 대한 내 의견	
그렇게 생각하는 까닭	

세계의 다양한 전통 모자

각 나라마다 다양한 문화와 전통을 대표하는 모자들이 있어요. 천이나 짚으로 만든 모자를 주로 쓰는 나라가 있고, 털로 만든 모자를 쓰는 나라도 있지요. 각 나라의 전통 모자를 잘 살펴보면 그 나라의 날씨와 풍습 등을 엿볼 수 있답니다.

▶ 솜브레로

멕시코, 페루 등 라틴아메리카 국가에서 남녀가 함께 쓰는 챙이 넓고 뾰족한 모자예요. 솜브레로는 '그늘, 그림자'를 뜻하는 스페인어 '솜브라(Sombra)'에서 나온 이름이에요. 짚을 엮거나 헝겊, 가죽 등으로 만들지요.

▶ 논라

논은 '모자', 라는 '나뭇잎'을 뜻하는데, 줄여서 '논'이라고도 불러요. 햇빛을 가리고 비를 피하는 데 사용하는 베트남 전통 모자로, 대나무 뼈대에 싱싱한 야자수 잎을 말려 엮어서 만들어요.

▶ 터번

인도, 이슬람교도 및 중동 여러 나라 남자가 얇고 긴 천을 접어서 머리에 감아 쓰는 것을 말해요. 원래 심한 더위나 바람으로부터 머리를 보호하기 위해 썼어요.

▶ 볼렌홋

'방울 모자'라는 뜻의 독일어로, 독일 남서부 슈바르츠발트 지역에서 여성들이 쓰는 모자예요. 볼렌홋은 동그란 큰 방울이 14개나 달려 있는데, 14개의 방울은 흑사병으로부터 마을을 구한 14명의 성인을 기리는 상징이에요. 결혼하지 않은 여성은 빨간 방울을, 결혼한 여성은 까만 방울을 달아요.

이런 책도 있어요

박지원, 『열하일기』, 미래엔아이세움, 2018
박정란 · 서재인, 『조선작가실록』, 상상의집, 2018
원영주, 『옛 선비들의 국토 기행』, 주니어김영사, 2012

자유롭게 그려요! 창의력 테스트

[난이도 : 상 중 하]

★ 겨울은 춥지만 참 아름다운 계절이지요. 눈이 내린 겨울의 풍경을 마음껏 상상해서 스노우 볼을 꾸며 보세요.

•정답은 가이드북 13쪽을 확인하세요.

4주

소설 인문, 사회

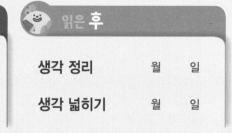

🏅 독서논술계획표

❯ 다음 단계에 맞게 공부한 날짜를 쓰세요.

읽기 전			읽는 중			읽은 후		
생각 열기	월	일	생각 쌓기	월	일	생각 정리	월	일
낱말 탐구	월	일	내용 확인	월	일	생각 넓히기	월	일

독서 노트	월	일

동백꽃

김유정

※ 김유정(1908~1937)은 1930년대 농촌을 배경으로 한 소설을 주로 발표하였으며, 주요 작품으로 『동백꽃』, 『봄봄』, 『만무방』 등이 있습니다.

1 여자아이가 용기를 내어 좋아하는 남자아이에게 선물을 주었어요. 각각의 상황에서 여자아이의 마음은 어떠할지 짐작하여 쓰세요.

누군가에게 좋아하는 마음을 표현하는 것은 용기가 필요한 일이에요. 남자아이의 반응에 따라 여자아이의 마음이 어떠할지 짐작해 보세요.

2 1930년대의 농촌에는 소작 제도라는 것이 있었어요. 소작 제도에 대해 설명하는 뚱이의 말을 잘 읽고, 소작농과 마름의 관계는 어떠했을지 생각 하여 까닭과 함께 쓰세요.

• • •
지주는 친척이나 가까 운 사람 중에서 약간 의 학식이 있고 믿을 만한 사람을 골라 마 름으로 썼고, 마름은 지주 대신 소작농을 결정하였어요.

농사지을 땅을 가지지 못한 가난한 농민이 남의 땅을 빌려 농사를 짓는 일을 '소작'이라고 하고, 소작을 하는 농가 또는 농민을 '소작농'이라고 해. 소작농은 지주(땅 주인)에게 수확 량의 30퍼센트 정도를 소작료(땅을 빌린 값)로 내야 했어.

지주 대신 소작지를 관리, 감독하는 사람이 있었는데, 이를 '마름'이라고 해. 마름은 소작인과 소작료를 결정하고, 소작료 로 받은 작물을 보관하거나 운반하는 일을 했어. 마름이 지주 를 대신해 소작인에게 소작권을 책임 지워 맡긴 문서를 '배재' 라고 하는데, 이는 소작을 할 수 있는 권리를 뜻해.

| 소작농과 마름의 관계 | --

-- |

| 그렇게 생각하는 까닭 | --

-- |

낱말 탐구

1 다음 낱말의 뜻을 살펴보고, 빈칸에 알맞은 낱말을 **보기** 에서 찾아 쓰세요.

보기			
기색	두엄	서슬	역정
대거리	수작	호령	명색

서로 말을 주고받음. 그 말.

강하고 날카로운 기세.

상대편에게 맞서서 대듦. 또는 그런 말이나 행동.

풀, 짚 또는 가축의 배설물 따위를 썩힌 거름.

몹시 언짢거나 못마땅하여 내는 성.

마음의 작용으로 얼굴에 드러나는 빛.

겉으로 내세우는 구실.

큰 소리로 꾸짖음.

2 다음 문장을 잘 읽고, 빈칸에 알맞은 낱말을 보기 에서 찾아 쓰세요.

> 보기   하릴없이   비슬비슬   소보록하니   싱둥겅둥
>   암팡스레   부리나케   걱실걱실히   연거푸

수인이는 술 취한 사람처럼 [   ] 몇 발짝 걷다가 그 자리에 쓰러졌다.

엄마의 성화에 일어난 정우는 책상에 앉아 [   ] 책을 넘기기 시작했다.

준혁이가 [   ] 쥔 주먹을 들어 보이며 나에게 겁을 주었다.

영진이는 궁금한 것이 그리 많은지 나에게 [   ] 질문을 해 댔다.

[   ] 수다 잘 떨고 인사 잘하는 은영이는 모두에게 사랑을 받았다.

마당에 나가 보니 우리 집 파란 지붕 위에도 밤새 내린 눈이 [   ] 쌓여 있다.

빗방울이 떨어져서 우리는 [   ] 산에서 내려왔다.

강물에 떠내려가는 신발을 [   ] 바라볼 수밖에 없었다.

동백꽃

김유정

오늘도 우리 수탉은 점순네 수탉에게 마구 쪼이고 있다. 나는 점순이가 요새 자꾸만 자신에게 심술을 부리는 이유를 전혀 알 수가 없다.

나흘 전 내가 울타리를 엮는데 살며시 오더니 혼자만 일하냐며 필요치 않는 수작을 하는 것이었다. 그러더니 내 턱 밑으로 김이 홱 끼치는 감자 세 개를 불쑥 내밀며 "느 집엔 이거 없지?" 하고 큰소리를 하고는 누가 알면 안 되니 얼른 먹어 버리란다. 나는 "난 감자 안 먹는다, 니나 먹어라." 하면서 점순이가 준 감자를 도로 점순이의 어깨 너머로 쑥 밀어 버렸다. 그러자 얼굴이 빨개진 점순이가 나를 한참 쏘아보다가 눈물까지 어리더니 논둑으로 달아났다.

설혹 주는 감자를 안 받은 것이 실례라 하면, 주면 그냥 주었지 "느 집엔 이거 없지?"는 다 뭐냐. 안 그래도 저희는 마름이고 우리는 그 손에서 배재를 얻어 땅을 부치는 신세이므로 늘 굽실거리는 마당인데.

우리가 이 마을에 처음 들어와 집이 없어 힘들 때, 집터를 빌리고 그 위에 집을 짓도록 해 준 것도 점순네의 호의였다. 또 부모님이 양식이 모자라면 점순네한테 가서 부지런히 꾸어다 먹으면서, 인품 그런 집은 다시 없다며 칭찬하곤 했다. 그러면서 열일곱씩이나 된 것들이 붙어 다니면 소문이 사납다고 주의를 시키는 것도 또 어머니였다. 내가 점순이하고 일을 저질렀다가는 점순네가 노할 것이고 그러면 우리는 땅도 떨어지고 집도 내쫓기고 하기 때문이었다.

　눈물을 흘리고 간 그 담날 저녁나절이었다. 나무를 한 짐 지고 산을 내려오려니까 어디서 닭이 죽는 소리를 친다. 이거 뉘 집에서 닭을 잡나, 하고 점순네 울 뒤로 돌아오다가 나는 고만 두 눈이 뚱그레졌다. 점순이가 저희 집 봉당에 홀로 걸터앉았는데 아 이게 치마 앞에다 우리 씨암탉을 꼭 붙들어 놓고는

　"이놈의 닭! 죽어라, 죽어라."

　요렇게 암팡스레 패 주는 것이 아닌가. 그것도 대가리나 치면 모른다마는 아주 알도 못 낳으라고 그 볼기짝께를 주먹으로 콕콕 쥐어박는 것이다.

　나는 눈에 쌍심지가 오르고 사지가 부르르 떨렸으나 사방을 휘돌아보고 그제야 점순이 집에 아무도 없음을 알았다. 잡은 참지게막대기를 들어 울타리의 중턱을 후려치며

　"이놈의 계집애! 남의 닭 알 못 낳으라구 그러니?"

하고 소리를 빽 질렀다.

　그러나 점순이는 조금도 놀라는 기색이 없고 그대로 의젓이 앉아서 제 닭 가지고 하듯이 또 죽어라, 죽어라 하고 패는 것이다. 이걸 보면 내가 산에서 내려올 때를 겨냥해 가지고 미리부터 닭을 잡아 가지고 있다가 네 보란 듯이 내 앞에 쥐어지르고 있음이 확실하다.

　나는 그렇다고 남의 집에 뛰어 들어가 계집애하고 싸울 수도 없는 노릇이고 형편이 썩 불리함을 알았다. 그래 닭이 맞을 적마다 지게막대기로 울타리나 후려칠 수밖에 별 도리가 없다. 왜냐하면 울타리를 치면 칠수록 울섶이 물러앉으며 뼈대만 남기 때문이다. 허나 아무리 생각하여도 나만 밑지는 노릇이다.

 한줄톡! 점순이가 '나'의 집 ❶ _____ 을/를 붙들어 놓고 죽어라 하고 패고 있었다.

✦ **봉당**: 안방과 건넌방 사이의 마루를 놓을 자리에 마루를 놓지 않고 흙바닥을 그대로 둔 곳.
✦ **쥐어지르고**: 주먹으로 힘껏 때리고.　　✦ **울섶**: 울타리를 만드는 데 쓰는 섶나무.

"아, 이년아! 남의 닭 아주 죽일 터이냐?"

내가 도끼눈을 뜨고 다시 꽥 호령을 하니까 그제야 울타리께로 쪼르르 오더니 울 밖에 섰는 나의 머리를 겨누고 닭을 내팽개친다.

"에이, 더럽다! 더럽다!"

"더러운 걸 널더러 입때 끼고 있으랬니? 망할 계집애년 같으니!"

하고 나도 더럽단 듯이 울타리께를 횡하게 돌아내리며 약이 오를 대로 다 올랐다라고 하는 것은, 암탉이 풍기는 서슬에 나의 이마빼기에다 물찌똥을 찍 갈겼는데, 그걸 본다면 알집만 터졌을 뿐 아니라 골병은 단단히 든 듯싶다.

그리고 나의 등 뒤를 향하여 나에게만 들릴 듯 말 듯한 음성으로,

"이 바보 녀석아!"

"얘, 너 배냇병신이지?"

그만도 좋으련만,

"얘! 너, 느 아버지가 고자라지?"

"뭐? 울 아버지가 그래 고자야?"

할 양으로 열벙거지가 나서 고개를 홱 돌리어 바라봤더니 그때까지 울타리 위로 나와 있어야 할 점순이의 대가리가 어디를 갔는지 보이지를 않는다. 그러다 돌아서서 오자면 아까에 한 욕을 울 밖으로 또 퍼붓는 것이다. 욕을 이토록 먹어 가면서도 대거리 한마디 못 하는 걸 생각하니 돌부리에 채이어 발톱 밑이 터지는 것도 모를 만치 분하고, 급기야는 두 눈에 눈물까지 불끈 내솟는다.

그러나 점순이의 침해는 이것뿐이 아니다.

◆ **입때**: 지금까지. 또는 아직까지.
◆ **고자**: 아이를 낳을 수 없는 남자.
◆ **열벙거지**: 매우 급하게 치밀어 오르는 화.

사람들이 없으면 틈틈이 제 집 수탉을 몰고 와서 우리 수탉과 쌈을 붙여 놓는다. 제 집 수탉은 썩 험상궂게 생기고 쌈이라면 신나 하는 까닭에 으레 이길 것을 알기 때문이다. 그래서 툭하면 우리 수탉의 *면두며 눈깔이 피로 <u>흐드르</u>하게 되도록 해 놓는다. 어떤 때에는 우리 수탉이 나오지를 않으니까 요놈의 계집애가 모이를 쥐고 와서 꾀어 내다가 쌈을 붙인다.

이렇게 되면 나도 다른 *배채를 차리지 않을 수 없었다. 하루는 우리 수탉을 붙들어 가지고 넌지시 장독께로 갔다. 쌈닭에게 고추장을 먹이면 병든 황소가 살모사를 먹고 *용을 쓰는 것처럼 기운이 뻗친다 한다. 장독에서 고추장 한 접시를 떠서 닭 주둥아리께로 들이밀고 먹여 보았다. 닭도 고추장에 맛을 들였는지 거스르지 않고 거진 반 접시 턱이나 곧잘 먹는다. 그리고 먹고 금세는 용을 못 쓸 터이므로 얼마쯤 기운이 들도록 *홰 속에다 가두어 두었다.

밭에 두엄을 두어 짐 져내고 나서 쉴 참에 그 닭을 안고 밖으로 나왔다. 마침 밖에는 아무도 없고 점순이만 저희 울 안에서 헌 옷을 뜯는지 혹은 솜을 터는지 웅크리고 앉아서 일을 할 뿐이다.

 점순이는 '나'에게 심술을 부리며 툭하면 우리 수탉을 데려가 제 집 수탉과 ❷ _____ 을/를 붙였다.

✦**면두:** '볏'의 강원도 방언. 닭이나 새 따위의 이마 위에 세로로 붙은 살 조각.
✦**배채:** 어떤 일을 하기 위한 꾀.　　　✦**용:** 한꺼번에 모아서 내는 센 힘.
✦**홰:** 새장이나 닭장 속에 새나 닭이 올라앉게 가로질러 놓은 나무 막대. (여기서는 '닭장'을 뜻함.)

나는 점순네 수탉이 노는 밭으로 가서 닭을 내려놓고 가만히 맥을 보았다. 두 닭은 여전히 얼리어 쌈을 하는데 처음에는 아무 보람이 없다. 멋지게 쪼는 바람에 우리 닭은 또 피를 흘리고 그러면서도 날갯죽지만 푸드득푸드득하고 올라 뛰고 뛰고 할 뿐으로 제법 한 번 쪼아 보지도 못한다.

그러나 한번은 어쩐 일인지 용을 쓰고 펄쩍 뛰더니 발톱으로 눈을 ˙하비고 내려오며 면두를 쪼았다. 큰 닭도 여기에는 놀랐는지 뒤로 ˙멈씰하며 물러난다. 이 기회를 타서 작은 우리 수탉이 또 날쌔게 덤벼들어 다시 면두를 쪼니 그제 서는 ˙감때사나운 그 대강이에서도 피가 흐르지 않을 수 없었다.

'옳다, 알았다! 고추장만 먹이면 되는구나.'

하고 나는 속으로 아주 ˙쟁그러워 죽겠다. 그 때에는 뜻밖에 내가 닭쌈을 붙여 놓는데 놀라서 울 밖으로 내다보고 섰던 점순이도 입맛이 쓴지 눈살을 찌푸렸다.

나는 두 손으로 볼기짝을 두드리며 연방,

"잘한다! 잘한다!"

하고 신이 머리끝까지 뻗쳤다.

그러나 얼마 되지 않아서 나는 넋이 풀려 기둥같이 묵묵히 서 있게 되었다. 왜냐하면 큰 닭이 한 번 쪼인 ˙앙가프리로 ˙호들갑스레 연거푸 쪼는 서슬에 우리 수탉은 찔끔 못 하고 막 ˙곯는다. 이걸 보고서 이번에는 점순이가 깔깔거리고 되도록 이쪽에서 많이 들으라고 웃는 것이다.

˙**맥을 보았다:** 눈치나 뜻을 살펴보았다.
˙**멈씰하며:** 멈칫하며.
˙**쟁그러워:** 미운 사람이 잘못되어 아주 고소해.
˙**호들갑스레:** 말이나 하는 짓이 야단스럽고 방정맞게.

˙**하비고:** 손톱이나 날카로운 물건 따위로 조금 긁어 파고.
˙**감때사나운:** 억세고 사나운.
˙**앙가프리:** '앙갚음'의 방언.
˙**곯는다:** 은근히 해를 입어 골병이 든다.

　나는 보다 못하여 덤벼들어서 우리 수탉을 붙들어 가지고 도로 집으로 돌아왔다. 고추장을 좀 더 먹였더라면 좋았을걸, 너무 급하게 쌈을 붙인 것이 퍽 후회가 난다. 장독께로 돌아와서 다시 턱 밑에 고추장을 들이댔다. 흥분으로 말미암아 그런지 당최 먹질 않는다.

　나는 하릴없이 닭을 반듯이 눕히고 그 입에다 ⁺궐련 ⁺물쭈리를 물리었다. 그리고 고추장 물을 타서 그 구멍으로 조금씩 들이부었다. 닭은 좀 괴로운지 킥 킥 하고 재채기를 하는 모양이나 그러나 당장의 괴로움은 매일같이 피를 흘리는 데 댈 게 아니라 생각하였다.

　그러나 한 두어 ⁺종지가량 고추장 물을 먹이고 나서는 나는 고만 풀이 죽었다. 싱싱하던 닭이 왜 그런지 고개를 살며시 뒤틀고는 손아귀에서 ⁺뻐드러지는 것이 아닌가. 아버지가 볼까 봐서 얼른 홰에다 감추어 두었더니 오늘 아침에서야 겨우 정신이 든 모양 같다.

 '나'는 우리 수탉이 점순네 수탉을 이기게 하려고 ❸ ＿＿＿＿＿＿＿＿＿＿ 을/를 계속 먹였다.

⁺**궐련:** 얇은 종이로 가늘고 길게 말아 놓은 담배.
⁺**종지:** 고추장, 간장 따위를 담아 놓는 작은 그릇.

⁺**물쭈리:** '물부리(담배를 끼워서 빠는 물건)'의 방언.
⁺**뻐드러지는:** 굳어서 뻣뻣하게 되는.

그랬던 걸 이렇게 오다 보니까 또 쌈을 붙여 놓으니 이 망할 계집애가, 필연 우리 집에 아무도 없는 틈을 타서 제가 들어와 홰에서 꺼내 가지고 나간 것이 분명하다. 나는 다시 닭을 잡아다 가두고, 염려는 스러우나 그렇다고 산으로 나무를 하러 가지 않을 수도 없는 형편이었다.

소나무 삭정이를 따며 가만히 생각해 보니 암만 해도 고년의 목쟁이를 돌려 놓고 싶다. 이번에 내려가면 망할 년 등줄기를 한번 되게 후려치겠다, 하고 싱둥겅둥 나무를 지고는 부리나케 내려왔다.

거지반 집께 다 내려와서 나는 호드기 소리를 듣고 발이 딱 멈추었다. 산기슭에 널려 있는 굵은 바윗돌 틈에 노란 동백꽃이 소보록하니 깔렸다. 그 틈에 끼여 앉아서 점순이가 청승맞게스리 호드기를 불고 있는 것이다. 그보다 더 놀란 것은 그 앞에서 또 푸드득푸드득하고 들리는 닭의 횃소리다. 필연코 요년이 나의 약을 올리느라고 또 닭을 집어내다가 내가 내려올 길목에다 쌈을 시켜 놓고 저는 그 앞에 앉아서 천연스레 호드기를 불고 있음에 틀림없으리라.

나는 약이 오를 대로 다 올라서 두 눈에서 불과 함께 눈물이 퍽 쏟아졌다. 나무 지게도 벗어 놓을 새 없이 그대로 내동댕이치고는 지게막대기를 뻗치고 허둥지둥 달려들었다.

가까이 와 보니, 과연 나의 짐작대로 우리 수탉이 피를 흘리고 거의 빈사지경에 이르렀다. 닭도 닭이려니와 그러함에도 불구하고 눈 하나 깜짝 없이 고대로 앉아서 호드기만 부는 그 꼴에 더욱 치가 떨린다. 동리에서도 소문이 났거니와 나도 한때는 걱실걱실히 일 잘하고 얼굴 예쁜 계집애인 줄 알았더니 시방 보니까 그 눈깔이 꼭 여우 새끼 같다.

◆**삭정이:** 산 나무에 붙어 있는 말라 죽은 가지.
◆**호드기:** 봄철에 물오른 버드나무 가지의 껍질이나 짤막한 밀짚 토막 따위로 만든 피리.
◆**빈사지경:** 거의 죽게 된 처지나 형편.

나는 대뜸 달려들어서 나도 모르는 사이에 큰 수탉을 [✦]단매로 때려 엎었다. 닭은 푹 엎어진 채 다리 하나 꼼짝 못 하고 그대로 죽어 버렸다. 그리고 나는 멍하니 섰다가 점순이가 매섭게 눈을 [✦]홉뜨고 닥치는 바람에 뒤로 벌렁 나자빠졌다.

 '나'는 약이 오를 대로 올라서 점순이네 ❹ _____ 을/를 때려 죽이고 말았다.

[✦]**단매:** 단 한 번 때리는 매.
[✦]**홉뜨고:** 눈알을 위로 굴리고 눈시울을 위로 치뜨고.

"이놈아! 너 왜 남의 닭을 때려 죽이니?"

"그럼 어때?"

하고 일어나다가

"뭐, 이 자식아! 누 집 닭인데?"

하고 복장을 떼미는 바람에 다시 벌렁 자빠졌다. 그리고 나서 가만히 생각을 하니 분하기도 하고 무안도 스럽고 또 한편 일을 저질렀으니 인젠 땅이 떨어지고 집도 내쫓기고 해야 될는지 모른다.

나는 비슬비슬 일어나며 소맷자락으로 눈을 가리고는 얼김에 엉, 하고 울음을 놓았다. 그러다 점순이가 앞으로 다가와서

"그럼, 너 이담부터 안 그럴 테냐?"

하고 물을 때에야 비로소 살길을 찾은 듯싶었다. 나는 눈물을 우선 씻고 뭘 안 그러는지 명색도 모르건만,

"그래!"

하고 무턱대고 대답하였다.

"요담부터 또 그래 봐라, 내 자꾸 못살게 굴 테니!"

"그래 그래, 인젠 안 그럴 테다!"

"닭 죽은 건 염려 마라. 내 안 이를 테니."

✦**복장**: 가슴의 한복판.
✦**얼김**: 어떤 일이 벌어지는 바람에 자기도 모르게 정신이 얼떨떨한 상태.

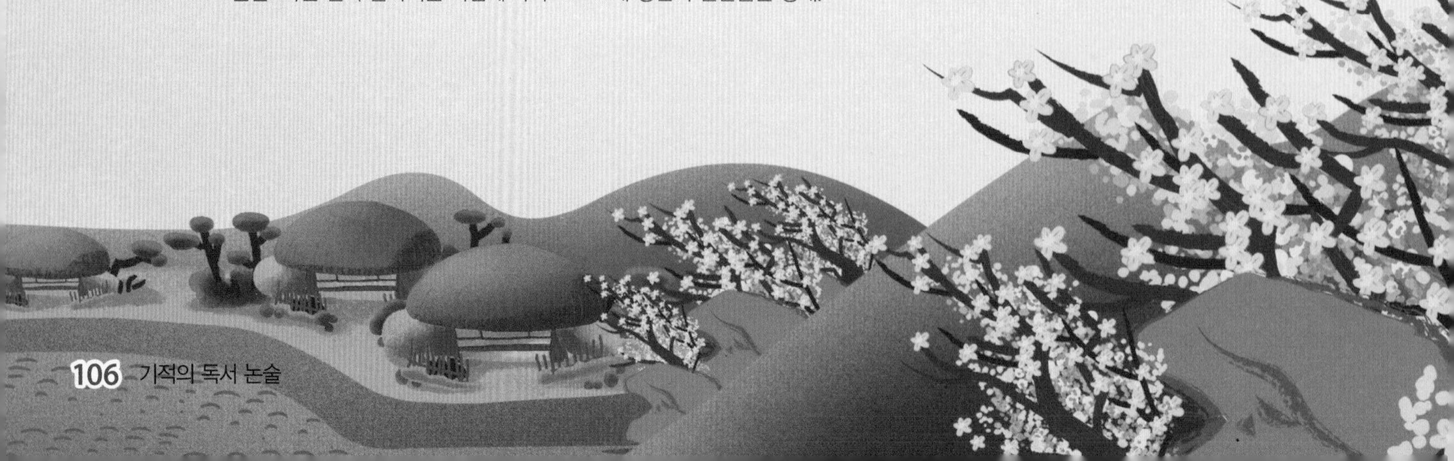

그리고 뭣에 떠다 밀렸는지 나의 어깨를 짚은 채 그대로 픽 쓰러진다. 그 바람에 나의 몸뚱이도 겹쳐서 쓰러지며 한창 피어 퍼드러진 노란 동백꽃 속으로 폭 파묻혀 버렸다. 알싸한 그리고 향긋한 그 냄새에 나는 땅이 꺼지는 듯이 온 정신이 그만 아찔하였다.

"아무 말 마라."

"그래!"

조금 있더니 요 아래에서

"점순아! 점순아! 이년이 바느질을 하다 말구 어딜 갔어!"

하고 어딜 갔다 온 듯싶은 그 어머니가 역정이 대단히 났다.

점순이가 겁을 잔뜩 먹고 꽃 밑을 살금살금 기어서 산 아래로 내려간 다음 나는 바위를 끼고 엉금엉금 기어서 산 위로 내빼지 않을 수 없었다.

 점순이와 '나'는 얼김에 화해를 하고 노란 ❺ _____ 속으로 폭 파묻혀 버렸다.

✦**퍼드러진**: 퍼진. '퍼지다'의 방언.
✦**알싸한**: 자극적인 맛이나 냄새 때문에 혀와 콧속이 알알한.

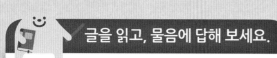

1 이 글에서 다음과 같은 역할을 하는 소재는 무엇인가요? (   )

> • '나'를 향한 점순이의 관심과 호감을 나타낸다.
> • '나'와 점순이 사이에서 갈등이 생기게 된 계기이다.

① 감자   ② 울타리   ③ 고추장   ④ 동백꽃

2 '나'와 점순이의 신분적 차이를 생각하여 다음 빈칸에 들어갈 알맞은 말은 무엇인지 쓰세요.

> '나'의 어머니는 '나'가 [   ]의 딸인 점순이와 붙어 다니다가 소문이 날까 봐 걱정하고 있다.

✎ _____

3 점순이가 눈앞에서 '나'의 씨암탉을 때리고 못살게 구는 까닭은 무엇일까요?

(   )

① 더 이상 달걀을 낳지 못하게 하려고
② 자기네 수탉을 괴롭히지 못하게 하려고
③ 닭싸움에서 자기네 닭이 이기게 하려고
④ 씨암탉을 괴롭혀서 '나'의 관심을 끌려고

4 '나'는 왜 수탉에게 계속 고추장을 먹였는지 알맞은 것에 ○표 하세요.

(1) 수탉의 깃털을 빨갛게 물들여 멋있게 보이고 싶어서 (   )
(2) 수탉의 울음소리를 커지게 하면 점순네 닭이 겁을 먹을 것 같아서 (   )
(3) 고추장을 먹이면 기운이 뻗쳐 닭싸움에서 이길 수 있을 거라고 생각해서

(   )

5 이 글의 내용으로 알맞지 <u>않은</u> 것은 무엇인가요? (   )

① '나'는 한때 점순이가 일 잘하고 예쁘다고 생각했다.

② 점순이는 일부러 산기슭에서 닭싸움을 시키고 있었다.

③ '나'는 자꾸 못살게 구는 점순이를 피해 늘 숨어 다녔다.

④ '나'는 점순네 수탉을 때려 죽인 뒤에 겁이 나고 걱정스러웠다.

6 다음에서 '나'의 눈치 없는 성격을 알 수 있는 부분을 모두 찾아 기호를 쓰세요.

> ㉮ 점순이가 감자를 준 이유를 알아채지 못하고 감자를 밀어 버렸다.
>
> ㉯ 닭이 싸우는 것을 보고 나무 지게를 벗어 놓을 새 없이 달려들었다.
>
> ㉰ 요새 점순이가 이유도 없이 자신을 못살게 굴고 심술을 부린다고 여긴다.

7 다음 빈칸에 들어갈 알맞은 말은 무엇인지 쓰세요.

> 이 글에서 [   ] 은/는 '나'와 점순이가 화해하는 분위기를 만들어 주고, 둘 사이에 생겨난 풋풋한 감정을 감각적으로 보여 주는 역할을 한다.

8 이 글의 주제로 알맞은 것은 무엇인가요? (   )

① 동물 학대 방지와 자연 보호

② 산골 생활의 여유와 아름다움

③ 사춘기 시골 남녀의 순박한 사랑

④ 농촌 사회에서 드러난 계층 간의 갈등

읽은후

생각 정리

1 '나'의 입장에서 정리한 『동백꽃』의 줄거리를 살펴보고, 점순이의 입장에서 이야기를 새롭게 정리해 빈칸에 알맞은 내용을 쓰세요.

오늘도 점순이가 닭싸움을 붙여 놓아 나를 괴롭혔다.

오늘도 녀석의 기를 바짝바짝 올리느라고 닭싸움을 붙여 놓았다.

나흘 전 감자를 거절한 일만 하더라도 나는 점순이에게 조금도 잘못한 것이 없다.

나흘 전 녀석은 몰래 가져다준 [   ] 을/를 안 먹는다면서 거절했다.

그 일 이후로 점순이는 우리 씨암탉과 수탉을 계속 못살게 굴었다.

_____

_____

_____

하루는 우리 수탉에게 고추장을 먹여 쌈을 붙여 보았지만 소용이 없었다.

_____

_____

_____

오늘 나무를 하고 내려오는데 이 계집애가 산기슭 길목에다 또 닭싸움을 붙여 놓았다.

녀석의 약을 올리느라고 일부러 닭싸움을 붙여 놓고 ⬚ 을/를 불고 있었다.

나는 다 죽게 된 우리 닭을 보고 화가 나서 점순네 수탉을 때려 죽이고 말았다.

닭을 죽이고는 분하고 두려운 마음이 들어 울음을 터뜨렸는데 점순이가 달래 주었다.

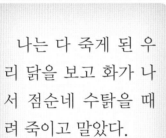

점순이가 쓰러지는 바람에 나도 동백꽃 속으로 폭 파묻혀 버렸다.

뒷에 떠다 밀린 척하며 녀석의 어깨를 짚은 채 동백꽃 사이로 쓰러졌다.

1 다음은 '나'와 점순이 사이에 있었던 감자 사건의 내용입니다. 이때 인물의 속마음은 어떠했을지 짐작하여 빈칸에 쓰세요.

점순이는 감자를 이용하여 '나'에 대한 마음을 적극적으로 표현한 반면, '나'는 점순이의 마음을 알아차리지 못하고 있다는 점을 생각해 보세요.

언제 구웠는지 아직도 더운 김이 홱 끼치는 굵은 감자 세 개가 손에 뿌듯이 쥐었다.

"느 집엔 이거 없지?"

하고 생색 있는 큰소리를 하고는 제가 준 것을 남이 알면 큰일 날 테니 얼른 먹어 버리란다. 그리고 또 하는 소리가,

"너, 봄 감자가 맛있단다."

"난 감자 안 먹는다, 니나 먹어라."

나는 고개도 돌리지 않고 일하던 손으로 그 감자를 도로 어깨 너머로 쑥 밀어 버렸다.

2 이 이야기의 중요한 사건을 정리했어요. 각 낱말이나 사건에 담겨 있는 뜻을 생각하며 이야기가 어떻게 전개되었는지 빈칸에 알맞은 내용을 쓰세요.

이야기는 보통 사건이 시작되고, 인물 간의 갈등이 생기고 대립이 심화되다가, 사건이 해결되는 흐름으로 진행되어요. 이와 같은 과정이 어떻게 드러나는지 정리해 보세요.

 중요한 낱말, 사건

 이야기의 전개 과정

감자

점순이가 '나'에 대한 관심을 감자를 통해 표현했지만 '나'가 거절하자, '나'와 점순이 사이의 갈등이 시작된다.

닭싸움을 시킴.

점순이가 감자를 거절한 '나'에게 분풀이를 하는 동시에 '나'의 [   ]을/를 끌려고 하는 행동으로, '나'와 점순이의 [   ]이/가 점점 깊어진다.

닭을 때려 죽임.

닭을 데려다 닭싸움을 시킨 점순이에게 분노한 '나'가 홧김에 저지른 행동으로,

'나'의 울음

동백꽃 향기

'갈등'은 등장인물 사이에 일어나는 대립과 충돌을 뜻해. '나'와 점순이 사이의 갈등이 어떻게 생기고 해결되는지 그 과정을 생각하며 정리해 봐.

3 앞으로 '나'와 점순이의 관계는 어떻게 전개될까요? 인물의 성격을 정리해 보고, 그것을 바탕으로 상상하여 쓰세요.

인물의 성격은 이야기의 전개에 큰 영향을 끼쳐요. 앞으로 '나'와 점순이의 관계가 어떻게 달라질지 상상해 보세요.

'나'의 성격

점순이의 성격

앞으로의 '나'와 점순이의 관계

두 인물의 성격뿐 아니라 신분적 차이 등도 둘 사이의 관계에 영향을 끼칠 수 있어. 이를 고려하여 앞으로의 이야기를 자유롭게 상상해 봐.

4 '나'와 점순이가 서로 혼인을 약속하게 된다면, 부모님들은 어떤 반응을 보일까요? 부모님들의 반응에 √표를 하고, 그 까닭을 짐작해서 쓰세요.

'나'와 점순이의 처지를 고려할 때 부모님들은 어떤 생각을 할지 짐작해 보세요.

'나'의 부모

☐ 혼인 찬성　　☐ 혼인 반대

까닭 : _____

_____

_____

_____

_____

점순네 부모

☐ 혼인 찬성　　☐ 혼인 반대

까닭 : _____

_____

_____

_____

_____

'동백꽃'의 향긋하고 알싸한 향기 – 향토색

김유정의 대표작『동백꽃』은 1930년대 어느 봄, 강원도의 농촌 마을을 배경으로 한 작품이에요.

글 속에 강원도 지방의 방언이 자주 사용되었을 뿐만 아니라 지역의 대표적인 특산품인 감자도 나오고, 지금은 좀처럼 보기 힘든 버드나무 가지의 껍질로 만든 호드기를 불고 있는 인물의 모습도 나와요. 또한 닭싸움 같은 일들이 벌어지기도 하지요. 이처럼 이 글에는 현대 도시에서는 느끼기 어려운 서정적인 분위기가 짙게 깔려 있어요. 이렇게 어떤 지방의 특유한 자연, 풍속 따위의 정취나 특색을 가리켜 '향토색'이라고 해요. 이러한 향토색의 영향으로 '나'와 점순이의 순박하고 풋풋한 사랑이 더욱 돋보일 수 있었지요.

이 글에 등장하는 동백꽃도 '나'와 점순이 사이에 생겨난 풋풋한 사랑의 감정을 감각적으로 표현해 주고, 서정적이고 향토적인 분위기를 조성하는 역할을 해요.

그런데 한 가지 궁금한 점이 있어요. 우리가 잘 알고 있는 동백꽃은 붉은색인데, 이 글에서는 왜 '노란 동백꽃'이라고 표현한 것일까요? 게다가 동백나무는 강원도 지역에서는 잘 자라지 않고 겨울에 남쪽 지방에서나 볼 수 있는 나무인데 말이죠.

강원도 지방에서는 꽃과 잎, 가지에서 생강처럼 알싸한 냄새가 나는 생강나무를 '동박나무' 또는 '동백나무'라고 부른다고 해요. 생강나무는 이른 봄에 노란 꽃을 피우지요. 이 글에 나오는 동백꽃은 바로 생강나무에 핀 꽃을 가리키는 것입니다. 그래서 '나'는 동백꽃 향기를 향긋하고 알싸하다고 표현한 것이랍니다. 이 글에서 '동백꽃'은 봄이라는 시간적 배경과 강원도라는 공간적 배경을 잘 드러내는 소재라 할 수 있어요.

▲ 생강나무에 핀 노란 꽃

이런 책도 있어요

황순원, 『소나기』, 가교, 2012
현덕, 『나비를 잡는 아버지』, 효리원, 2015
이효석, 『메밀꽃 필 무렵』, 꿈소담이, 2004

쉬어가기

6년 동안 수고한 나, 참 잘했어요!

★ 두근두근 떨리는 마음으로 입학한 것이 엊그제 같은데, 어느덧 졸업을 앞두고 있네요. 6년 동안 많은 추억들이 쌓였을 거예요. 초등학교를 다니면서 나 스스로를 칭찬하고 싶었던 일, 자랑스러웠던 일 여섯 가지를 적어 보세요. 사소한 것도 좋아요!

● 정답은 가이드북 13쪽을 확인하세요.

특강

주제별

글쓰기

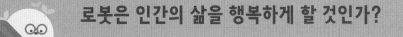

주제 ❶ 초등학생이 화장을 해도 좋은가?

가 화장하는 초등학생들, 생일에 화장품 선물하기도

요즘 화장하는 초등학교 여학생이 급속하게 늘어나고 있다.

○○초등학교에서 학생들을 대상으로 설문 조사를 한 결과에 따르면, 이 학교에 다니는 4~6학년 여학생 중에서 절반 가량은 화장을 한 적이 있는 것으로 밝혀졌다.

6학년 김연수 학생은 "요즘은 화장을 하는 친구가 많아 생일에도 화장품을 선물한다."라고 말했다.

이들은 주로 학교 주변 상점이나 인터넷 쇼핑몰에서 화장품을 구입하는 것으로 조사되었다. 인터넷상에는 이미 초등학생 화장법이나 '초딩 화장품 추천' 같은 게시물이 많이 올라와 있는 상태이다.

5학년 딸을 둔 박인영(41) 씨는 "중학교에 들어가기도 전에 화장을 시작하는 아이가 많다고 들었다."며 "우리 애도 어린 나이에 화장에 몰두하게 될까 봐 고민이다."라고 말했다.

20○○년 ○○월 ○○일 ○○신문

나 어린이용 화장품, 불량품 많아 '위험 노출'

녹색 소비자 연대의 '어린이 화장품 사용 실태'에 따르면 색조 화장을 하는 초등학교 여학생은 42.7%로 나타났는데, 그에 따른 부작용도 적지 않다.

한 보도에서 아이들이 주로 찾는 학교 앞 문구점에 비치된 화장품 대부분이 성분 표시도 제대로 안 된 불량품이라고 발표했다. 어린 나이에 이와 같은 불량 화장품을 바르면 성조숙증을 비롯하여 각종 피부염을 일으킬 수 있다.

○○병원 피부과 송현태 교수는 "화장품에 색소나 보존제 등의 첨가물이 있어 알레르기나 피부 질환을 일으킬 수 있다."며 초등학생의 경우에는 가급적 화장을 하지 않는 게 좋다고 말했다.

○○년 ○○월 ○○일 ○○일보

다 로션, 크림 등 '어린이용 화장품' 출시

 식품 의약품 안전처에 따르면 현재 12개로 나뉜 화장품 유형에 '어린이용 제품류'를 새로 추가하기로 했다. 이들 어린이 화장품에는 로션과 크림, 오일 등이 포함된다.
 식품 의약품 안전처는 어린이 화장품을 쓸 수 있는 연령 범위를 만 13세 이하의 초등학생으로 정하는 방안을 검토 중이다. 따라서 화장품 제조사들은 앞으로 이들 어린이 화장품을 만들 때 알레르기를 일으킬 우려가 있는 물질이 들어 있을 경우 그 성분을 의무적으로 기재해야 한다.
 이에 앞서 식품 의약품 안전처는 '소중한 내 피부를 위한 똑똑한 화장품 사용법'이란 책자를 펴내 전국의 초등학교에 ✦배포했다.

20○○년 ○○월 ○○일 ○○신문

✦**성조숙증:** 사춘기가 나타나는 한계 나이인 9살이 되기 전에 성적 발달이 일어나는 증상.
✦**배포했다:** 신문이나 책자 따위를 널리 나누어 주었다.

---

1 초등학생 가운데에서 화장을 하는 초등학생의 비율은 어느 정도라고 했는지 쓰세요.

---

2 어린이가 불량 화장품을 바르면 생길 수 있는 부작용은 무엇인지 간단히 쓰세요.

---

3 식품 의약품 안전처에서 전국의 초등학교에 '소중한 내 피부를 위한 똑똑한 화장품 사용법'이란 책자를 배포한 의도는 무엇이겠는지 쓰세요.

자료 읽고 생각 떠올리기 2

◆ 어린이용 화장품 두고 의견 엇갈려

통계청의 자료에 의하면, 화장하는 초등학생의 수가 점점 늘어나고 있는 추세이다. 미디어의 발달로 인해 초등학생들도 화장한 모습을 자주 접하게 되고 화장품을 구매하기도 쉬워져서 점차 화장품을 사용하는 연령대가 낮아지고 있다. 또한 '초등학생 공주 메이크업' 등의 영상이 SNS(소셜 네크워크 서비스)에서 인기를 끌면서 어린이용 화장품 시장의 성장을 부추기고 있다.

최근 어린이용 화장품을 출시한 ○○화장품은 "아이들이 사용하는 제품인 만큼 인공적인 향료나 색소 등 아이들의 피부에 해로운 성분을 넣지 않았으며, 특히 피부 자극 테스트를 완료하여 안심하고 사용할 수 있다."라고 설명했다.

그러나 ○○화장품의 설명에도 불구하고 어린이용 화장품을 둘러싼 논란은 쉽게 가라앉지 않고 있다.

일부 전문가들은 어린이용 화장품의 성분만이 문제가 되는 것이 아니라, 어린이들이 화장품 등 외모에 너무 신경을 쓰다 보면 자칫 '외모 지상주의'로 빠질 수 있다는 점을 지적한다. 잘못하면 어릴 때부터 '여성은 무조건 예뻐야 한다.'는 잘못된 가치관이 심어질 수 있다는 것이다.

6학년 자녀를 둔 김서영(43세) 씨는 "아이들이 외모를 따지는 잘못된 어른들을 그대로 따라 하는 것 같아 안타깝다."라고 말했다.

◆ 초등학생 화장, 무분별한 규제 대신 합리적 수용해야

초등학생 사이에 화장하는 문화가 확산되면서 학교에서 '학생 화장 허용 동의서'를 학부모에게 받는 새로운 문화가 등장했다.

최근 ○○초등학교에서는 6학년 학부모들에게 '학생 화장 허용 동의서'를 발송했다. 이는 자녀의 화장을 허용하는지 여부와 그 이유를 파악한 뒤, 학생들의 생활 지도에 반영하기 위한 것이다.

이 학교 김수진 교사는 "어린 나이에 화장을 하는 것이 그다지 좋지 않다는 점을 알고 있지만 개성 존중, 인권 보호 추세가 강화되면서 어린이들의 화장을 일방적으

로 규제할 수 없는 상황"이라며 "학부모들의 교육관과 학교·교사의 지침이 다를 경우에는 학생들이 혼란스러워하기 때문에 '학생 화장 허용 동의서'를 발송하고 합리적으로 지도하려고 한다."라고 말했다.

　김수진 교사는 반 여학생 13명 중 절반 이상이 화장을 한다고 말했다. 덧붙여 "화장을 하는 어린이의 학교생활이나 태도가 불량한 것은 전혀 아니다."라며 "학생들의 화장을 막는 게 현실적으로 불가능한 상황에서 불량 화장품이 아니라 허가를 받은 화장품으로 건강하게 화장하고, 잘 지우는 법 등 올바른 사용법을 가르쳐 주는 것이 더 중요하다."라고 강조했다.

20○○년 ○○월 ○○일 ○○신문

✦ **추세**: 어떤 현상이 일정한 방향으로 나아가는 경향.
✦ **부추기고**: 남을 이리저리 들쑤셔서 어떤 일을 하게 만들고.

4 어린이용 화장품의 성분이 안전하다고 해도 논란이 쉽게 가라앉지 않는 까닭은 무엇인지 쓰세요.

_____

5 ○○초등학교에서 '학생 화장 허용 동의서'를 학부모에게 발송하게 된 배경은 무엇인지 쓰세요.

_____

_____

6 화장하는 초등학생을 바라보는 어른들의 선입견이나 편견에는 무엇이 있는지 생각하여 쓰세요.

_____

_____

💡 다양한 의견 알아보기

요즘 화장을 하는 초등학생이 급속하게 늘어나고 있어. 초등학생이 화장을 해도 좋을까?

선영

초등학생이 어른들처럼 화장을 하는 것은 좋지 않다고 생각해. 내 친구도 화장을 하다가 피부에 염증이 생겨서 병원에 다닌 적이 있어. 어린이들은 피부가 어른보다 연약해서 화장품에 들어 있는 화학 성분 때문에 여러 피부 질환이 생길 수 있다고 해.

진우

해로운 성분이 들어 있지 않은 화장품을 사용한다면 화장을 하는 것도 괜찮지 않을까? 화장을 하고 외모를 가꾸는 것도 개성이니까 존중해 주어야 한다고 생각해. 화장하는 것을 나쁘게 볼 필요는 없을 것 같아.

세윤

많은 아이들이 화장을 하고 요즘은 화장품도 엄청 예쁘게 나오기 때문에 호기심이 생길 수는 있지만, 화장은 나중에 어른이 되어서 해도 충분하다고 생각해. 어려서부터 화장품이나 외모에 너무 신경을 쓰다 보면 자칫 외모 지상주의로 빠질 수 있기 때문이야.

태영

7 친구들은 무엇에 대하여 의견을 말하고 있는지 쓰세요.

_____

_____

8 친구들의 의견과 그 까닭을 간단히 정리해 보세요.

친구 이름	의견	까닭
진우		
세윤		
태영		

9 나는 초등학생이 화장을 하는 문제에 대하여 어떻게 생각하는지 까닭을 들어 쓰세요.

_____

_____

_____

주제에 맞게 글 쓰기

1 처음 부분에 들어갈 내용을 간단히 정리해 보세요.

2 가운데 부분에 들어갈 내용을 간단히 정리해 보세요.

3 끝부분에 들어갈 내용을 간단히 정리해 보세요.

4 **1**~**3**에서 정리한 내용을 바탕으로 하여 글을 쓰세요.

주제 ❷ 로봇은 인간의 삶을 행복하게 할 것인가?

프로 야구 심판이 된 로봇

지난 주말, 프로 야구 경기에 처음으로 자동 볼·스트라이크 판정 시스템(로봇 심판)이 등장했다. 한국 프로 야구에 로봇 심판이 처음으로 적용된 사례이다.

로봇 심판은 경기장에 설치된 3대의 카메라를 통해 야구공이 나아가는 궤적과 위치 정보를 측정하고, 이를 자체 설정한 스크라이크 존에 적용하여 스트라이크와 볼을 판정해 낸다. 로봇 심판은 이 결과를 음성으로 변환하여 포수 뒤에 서 있는 사람 심판에게 전송한다. 이어폰으로 판정 결과를 통보받은 사람 심판은 '스트라이크'나 '볼'을 외치게 된다. 결국 그라운드에서 '스트라이크'나 '볼'을 외치는 것은 포수 뒤에 서 있는 사람 심판이지만, 판정을 내리는 것은 로봇 심판인 것이다.

로봇 심판 적용 결과는 꽤 긍정적이었고, 스트라이크 존이 일관되게 적용되어 선수들의 만족도도 높았다. 한국 야구 위원회(KBO)는 로봇 심판을 실험 적용할 계획을 세우고 있어서 앞으로는 로봇 심판을 자주 볼 수 있게 될 것이다.

20○○년 ○○월 ○○일 ○○신문

✦**궤적**: 수레바퀴가 지나간 자국이라는 뜻으로, 물체가 움직이면서 남긴 움직임을 알 수 있는 자국이나 자취를 이르는 말.

1 프로 야구 경기에서 로봇 심판은 스트라이크나 볼을 어떻게 판정해 내는지 쓰세요.

_____

_____

2 프로 야구 경기에서 로봇 심판을 적용한 결과와 만족도는 어떠하였는지 쓰세요.

_____

_____

식당에서 손님에게 음식을 나르는 로봇

로봇이 손님이 주문한 음식을 직접 나르며 손님에게 환영의 인사를 전하고 있다.

최근 일부 식당에서는 사람 대신 주문을 받기도 하고, 주문한 음식을 손님에게 직접 가져다 주는 로봇이 등장하였다. 이 로봇은 주문자 테이블까지 ⁺최적의 경로를 계산해 이동하고, 장애물을 마주치면 자동으로 피해 간다. 몸체 하단에는 위아래 장애물을 ⁺감지하는 두 가지 센서가 장착되어 있다.

▲ 주문한 음식을 나르는 로봇

머지않아 음식을 조리하거나 식당 내부를 정리하는 일도 로봇이 할 수 있는 시대가 올 것이라고 한다.

20○○년 ○○월 ○○일 ○○신문

⁺**최적:** 가장 알맞음.   ⁺**감지하는:** 느끼어 아는.

3 식당에서 로봇이 하는 일은 무엇인지 쓰세요.

_____

_____

4 로봇이 식당에서 사람 대신 일을 하면 어떤 문제가 생길 수 있는지 생각하여 쓰세요.

_____

_____

자료 읽고 생각 떠올리기 3

산업용 로봇들, 사이버 공격 대비에 허술

산업계를 움직이는 로봇들이 사이버 공격에는 무방비* 상태로 노출되어 있는 것으로 드러났다.

외국의 한 최신 보고서에 따르면, 일부 산업용 로봇들은 보안이 허술하여 사이버 공격을 당하기 쉽다고 한다.

▲ 자동차 제조 공정에 사용되는 로봇

첨단 해커들은 산업용 로봇을 공격하여 원격으로 데이터를 훔치거나 로봇의 움직임을 바꿀 수 있다. 만일 이 같은 공격을 당하게 되면 산업용 로봇은 작동이 중단되거나 손상을 입을 뿐만 아니라, 환경 위해*와 인명 손실 등 심각한 결과를 초래할 수 있다.

결국 산업용 로봇을 생산하는 주요 업체들은 뒤늦게 이 문제를 해결하기에 이르렀다.

20○○년 ○○월 ○○일 ○○일보

*무방비: 적이나 해로운 것 따위를 막아 낼 준비가 되어 있지 않음.　　*위해: 위험과 재해를 아울러 이르는 말.

5 산업용 로봇이 첨단 해커들의 공격을 받았을 때 어떤 일이 일어날 수 있는지 쓰세요.

_____

_____

6 인간이 로봇의 도움을 받으며 잘 살기 위해서 가장 필요한 것은 무엇일지 생각하여 쓰세요.

_____

_____

자료 읽고 생각 떠올리기 4

국내 연구진 '두더지 로봇' 개발해

국내 연구진이 두더지의 생물학적 구조와 굴착 습성을 모방해 로봇을 개발했다.

이 로봇은 이빨로 흙을 긁어 내고 앞발을 사용해 땅을 파고 잔해를 제거하는 두더지의 기능을 본떠 설계하였다. 불규칙한 토양 환경과 암석 등 예측 불가능한 지하 내에서도 360도 방향 전환은 물론, 3차원 자율 주행이 가능하다. 이와 함께 지구 자기장 데이터의 변화를 측정해 로봇의 위치를 측정할 수 있는 센서 시스템도 실렸다.

연구진은 기존 세계 기술과 비교할 때 속도는 3배, 방향 각도는 6배 이상 성능이 향상됐다고 밝혔다.

이 기술은 지하수 개발과 땅 꺼짐 현상, 우주 개발 등 다양한 분야에 적용할 수 있으며, 효율성과 경제성이 뛰어나 세계 시장 진출도 가능할 것으로 기대하고 있다.

20○○년 ○○월 ○○일 ○○신문

✦**굴착:** 땅이나 암석 따위를 파고 뚫음.
✦**잔해:** 부서지거나 못 쓰게 되어 남아 있는 물체.

---

7 국내 연구진이 개발한 '두더지 로봇'은 두더지의 어떤 기능을 본떠 설계하였는지 쓰세요.

_____

_____

8 '두더지 로봇'의 적용 분야와 미래 전망은 어떠한지 정리하여 쓰세요.

_____

_____

💡 다양한 의견 알아보기

로봇은 이미 우리 생활 속에 가까이 들어와 있어. 과연 로봇은 인간의 삶을 행복하게 해 줄까?

영인

산업용 로봇은 여러 분야에서 이용되고 있는데, 인간 대신 반복적인 일들을 정확하게 처리해 주고 있어. 그 덕분에 인간은 이전보다 시간적 여유를 누릴 수 있게 되었지. 로봇으로 인해 생활에 여유를 찾게 된 인간은 좀 더 행복한 삶을 살 수 있을 거야.

성욱

로봇이 인간이 하던 일을 해 주면 몸은 편해질 수 있겠지. 하지만 우리가 해 오던 일을 로봇이 대신하게 되면 결국 우리들은 일자리를 잃게 되잖아. 그러면 인간의 삶이 지금보다 더 불행해지는 게 아닐까?

수진

요즘은 여러 분야에서 쓰일 로봇이 개발되고 있는데, 특히 의료용으로 개발된 로봇은 매우 정밀한 수술에 폭넓게 활용되고 있어. 로봇이 인간의 생명을 연장하는 데 도움을 주니까 결국 인간의 삶을 행복하게 해 준다고 생각해.

정민

9 친구들은 무엇에 대하여 의견을 말하고 있는지 쓰세요.

_____

_____

10 친구들의 의견과 그 까닭을 간단히 정리해 보세요.

친구 이름	의견	까닭
성욱		
수진		
정민		

11 나는 로봇이 인간의 삶을 행복하게 할 것인가에 대해 어떻게 생각하는지 까닭을 들어 쓰세요.

_____

_____

_____

주제에 맞게 글 쓰기

1 처음 부분에 들어갈 내용을 간단히 정리해 보세요.

2 가운데 부분에 들어갈 내용을 간단히 정리해 보세요.

3 끝부분에 쓸 내용을 간단히 정리해 보세요.

4 **1**~**3**에서 정리한 내용을 바탕으로 하여 글을 쓰세요.

출처

그림

41, 47, 50, 58, 60, 63쪽 「**모나리자**」 레오나르도 다빈치 | 루브르박물관

43쪽 「**절규**」 뭉크 | 오슬로 국립미술관

43쪽 「**자화상**」 고흐 | 오르세미술관

49쪽 「**세례자 성 요한**」 레오나르도 다빈치 | 루브르박물관

49쪽 「**자화상**」 레오나르도 다빈치 | 토리노 왕립도서관

64쪽 「**인체 비례도**」 레오나르도 다빈치 | 베네치아 아카데미아미술관

가이드북 4쪽 「**별이 빛나는 밤**」 고흐 | 뉴욕 현대미술관

사진

68, 69, 73, 88쪽 **갓** 국립중앙박물관

69쪽 **삿갓, 두건** 국립중앙박물관

69, 77쪽 **패랭이** 국립중앙박물관

76쪽 **풀갓** 국립중앙박물관

78쪽 **방갓, 들갓** 국립중앙박물관

80쪽 **벙거지** 국립중앙박물관

▶ 위에 제시되지 않은 사진이나 이미지는 사용료를 지불하고 셔터스톡 코리아에서 대여했음을 밝힙니다.

▶ 길벗스쿨은 이 책에 실린 모든 글과 사진의 출처를 찾기 위해 최선의 노력을 기울였습니다.
   저작권자를 찾지 못해 허락을 받지 못한 글과 사진은 저작권자가 확인되는 대로 통상의 사용료를 지불하겠습니다.

앗!

본책의 가이드북을 분실하셨나요?
길벗스쿨 홈페이지에 들어오시면
내려받으실 수 있습니다.

기적의
독서 논술

가이드북

12권

가이드북 활용법

독해 문제의 경우에만 정답을 확인하시고 정오답을 체크해 주시면 됩니다.

낱말 탐구에 제시된 어휘의 뜻은 국립국어원의 국어사전 내용을 기준으로 풀이하여 실었습니다.

그 외 서술·논술형 문제에 해당하는 예시 답안은 참고만 하셔도 됩니다.

아이의 다양한 생각이 예시 답과 다르다고 하여 틀렸다고 결론 내지 마세요.

아이 나름대로 근거가 있고, 타당한 대답이라면 정답으로 인정합니다.

이치에 맞지 않은 답을 한 경우에만 수정하고 정정할 기회를 주시기 바랍니다.

답을 찾는 과정에 집중해 주세요.

다소 엉뚱하지만 창의적이고,
기발하면서 논리적인 대답에는 폭풍 칭찬을 잊지 마세요!

부디 너그럽고 논리적인 독서 논술 가이드가 되길 희망합니다.

읽기 전 생각 열기

1 옛날 사람들은 게으름을 피우게 하거나 졸음이 쏟아지게 하는 귀신이 있다고 생각했어요. 그 귀신들의 모습을 상상하여 그리고, 이름을 지어 빈칸에 쓰세요.

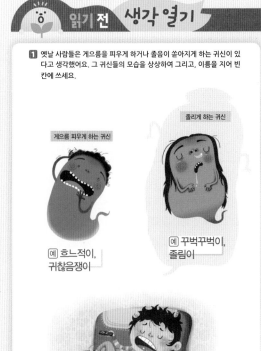

게으름 피우게 하는 귀신
(예) 흐느적이, 귀찮음쟁이

졸리게 하는 귀신
(예) 꾸벅꾸벅이, 졸림이

2 마음 편한 가난뱅이와 걱정 많은 부자는 얼마나 행복할까요? 내가 생각하는 행복의 정도를 눈금에 ○표 하고, 그렇게 생각하는 까닭을 쓰세요.

얼만큼 행복할까?

못 먹고, 못 입어도 마음 편한 게 최고야.

재산이 많으니 걱정도 많구나. 하지만 가난한 건 싫어.

마음 편한 가난뱅이 / 걱정 많은 부자

5 4 3② 2 1 0 1 2③ 3 4 5

(예) 마음이 편해서 좋지만, 먹고사는 것이 힘들기 때문에 늘 행복하지만은 않을 것 같다.

(예) 재산을 잃어버릴까 봐 늘 걱정하고, 돈을 빌리러 오는 사람들 때문에 피곤할 것 같다. 그래도 남들보다 몸은 편하니까 항상 불행하다고는 말할 수 없을 것 같다.

해설

1 게으름과 졸음이 넘쳐흐르는 귀신의 모습을 특징이 잘 드러나게 그려 보고, 그 모습에 어울리는 이름을 재미있게 붙여 봅니다.

2 가난하지만 마음이 편한 사람과 돈은 많지만 걱정도 많은 사람, 각자가 얼마나 행복할지에 대한 내 생각을 숫자로 표시해 보고, 그 생각을 뒷받침할 수 있는 타당한 근거를 제시합니다.

읽기 전 낱말 탐구

1 다음 뜻을 가진 낱말이 되도록 빈칸에 알맞은 글자를 보기 에서 찾아 쓰세요.

보기 고 물 상 음 전 절 제 초

매우 짧은 동안의 시간.	인정이 없고 쌀쌀하다.
촌 **음**	박 **절** 하다

재물을 탐내는 마음.	격식에 맞게 차려입고 매무시를 바르게 하다.
물 **욕**	정 **제** 하다

전보다 더 좋은 자리나 직위로 옮김.	즐겨 구경하다.
영 **전**	완 **상** 하다

예전과 지금을 아울러 이르는 말.	하늘과 땅이 생겨난 맨 처음.
고 **금**	태 **초**

2 다음 뜻풀이를 보고, 낱말 카드의 글자를 이용해서 빈칸에 알맞은 네 글자의 낱말을 쓰세요.

여러 가지의 잘잘못.
비 시 비 시 ➡ **시시비비**

격식이나 관습에 얽매이지 아니하고 행동이 자유로움.
방 자 분 유 ➡ **자유분방**

하는 일 없이 세월만 헛되이 보냄.
송 세 허 월 ➡ **허송세월**

이리저리 왔다 갔다 하며 일이나 나아가는 방향을 종잡지 못함.
왕 우 좌 왕 ➡ **우왕좌왕**

완전히 잠이 들지도 잠에서 깨어나지도 않은 어렴풋한 상태.
사 몽 몽 비 ➡ **비몽사몽**

벼슬이 높고 권세가 있는 집안.
세 문 권 가 ➡ **권문세가**

낱말 탐구

✦ **쌀쌀하다:** 사람의 성질이나 태도가 정다운 맛이 없고 차갑다.

✦ **매무시:** 옷을 입을 때 매고 여미는 따위의 뒷단속.

✦ **직위:** 직무에 따라 규정되는 사회적·행정적 위치.

✦ **어렴풋하다:** 기억이나 생각 따위가 뚜렷하지 아니하고 흐릿하다.

✦ **권세:** 권력과 세력을 아울러 이르는 말.

한줄톡! ❶ 게으름 귀신　❷ 뜻과 기운　❸ 사귐
❹ 게으름 귀신　❺ 바보　❻ 게으름

30~31쪽
내용 확인　❶ 게으름 귀신　❷ (1) ○ (3) ○　❸ ③
❹ 절교　❺ (2) ○ (3) ○　❻ ④
❼ 시비하는 소리, 물욕　❽ ㉮, ㉣

❶ 글쓴이가 게으름 귀신과 대화를 나누며 한 말로, '그대'는 게으름 귀신을 말합니다.

❷ 글쓴이는 게으름 귀신과 함께 어울려 편안함만을 탐하며 마냥 한가로움에 빠져서 삶을 무질서하게 살아온 것을 후회하였습니다.

❸ 글쓴이는 게으름을 피운 채 살아온 지난날을 후회하며, 장차 훌륭하고 지혜로운 사람이 되고, 역사에 이름을 남기기 위해 자신의 일에 몰두하려고 게으름 귀신을 떠나보내고자 합니다.

❹ 글쓴이는 게으름 귀신과의 관계를 끊기로 결심하고 게으름 귀신에게 빨리 자신에게서 떠나라고 했습니다. 따라서 '서로의 교제를 끊음'을 뜻하는 '절교'라는 낱말과 관련이 있습니다.

❺ 정신이 어수선한 것이 병이 든 것도 같고 그렇지 않은 것도 같았고, 몸에서 기운이 빠져 나가면서 가슴이 돌에 눌린 것처럼 속이 답답해서 게으름 귀신이 든 것이 틀림없다고 했습니다.

❻ 권문세가를 기웃거리다가 마침내 높은 벼슬자리를 얻은 것은 글쓴이와 같이 게으름 귀신이 든 사람이 아니고 분주하게 산 사람들의 모습입니다.

❼ 게으름 귀신은 글쓴이에게 게으름을 피워서 사람들이 시비하는 소리가 없고, 물욕에 휘둘려서 날뛰지 않고 제정신을 잘 보존한다고 하였습니다.

❽ 게으름 귀신은 글쓴이에게 욕심을 버려 태연함을 지키고, 인생과 세상의 덧없음을 깨달아 마음의 평안함과 고요함을 즐기라고 설득하였습니다.

❶ 게으름에 대한 글쓴이의 생각을 정리하며 빈칸에 알맞은 내용을 쓰세요.

게으름 귀신을 보내는 글

• 게으름을 버리는 자는 훌륭한 사람 , 슬기로운 사람 이/가 될 것이고, 게으름을 따르는 자는 미친 사람 , 어리석은 사람 이/가 될 것이다.

• 역사에 이름을 남기는 자는 게으름을 버린 사람들 가운데서 나올 것이며, 자연과 함께 썩어 가는 자는 예 게으름을 따르는 사람들의 무리일 것이다.

따라서 예 게으름을 반드시 떠나보내야 한다.

게으름도 때로는 이로움이 되나니

• 경우에 따라서 근면은 화근 이/가 될 수 있고, 게으름이 도리어 복 의 근원이 될 수 있다.

• 형세를 따라 바삐 움직이면 그때마다 시시비비를 따지느라 시끄럽지만, 예 물러나 앉아 있으면 시비하는 소리가 전혀 없다.

• 물욕에 휘둘려서 이익을 얻으려 하면 미처 날뛰게 되지만, 걱정 없이 분수에 맞게 살면 예 제정신을 잘 보존하게 된다 .

따라서 예 욕심을 버리고 게으르게 살아야 한다.
(욕심을 버리고 게으름과 함께 살아야 한다.)

1 『게으름 귀신을 보내는 글』을 바탕으로 하여 '게으름 귀신'에 대한 보고서를 만들었어요. 빈칸에 알맞은 말을 써넣어 보고서를 완성해 보세요.

게으름 귀신 보고서

- **이름**: 게으름 귀신
- **퇴치한 때**: 어느 날 새벽녘

겉모습
- 머리는 쑥대처럼 헝클어졌고 얼굴에는 때가 껴 있다.
- 갓도 쓰지 않고 허리띠도 매지 않았다.
- 할 일이 있어도 [예] 손 하나 까딱 않고 손님을 보고 [예] 절하는 것조차 잊어버린다.
- 걸음걸이는 [예] 느릿느릿하다.
- 한번 앉으면 [예] 일어날 줄 모르는 잠꾸러기 귀신의 좋은 짝이다.
- 손발을 움직이는 것조차 싫어한다.

귀신이 든 증세
- 모든 일에 여유 만만하여 부끄러움도 없이 뻔뻔하게 떠들어 그 어리석음이 지나치다.
- 해야 할 큰일이 있어도 한가롭게 지낸다.

- 오직 제멋대로 노는 사람만을 찾을 뿐이고, [예] 부지런하고 조신한 사람은 반기지 않는다.
- 자리에 앉으면 헛된 꿈에 정신이 희미해지고, 경서를 논하려 하면 눈은 멍하니 날아가는 기러기나 바라본다.

퇴치 방법

- 새벽녘에 일어나 세수하고 옷을 정제한 뒤, 마음을 가다듬고 책상 앞에 앉아 [예] 조심스럽게 이별을 고한다.
- 귀신의 생긴 꼬락서니를 만천하에 드러내며, [예] 귀신의 상태를 있는 그대로 써서 숨지 못하게 한다.

---

2 『게으름 귀신을 보내는 글』과 『게으름도 때로는 이로움이 되나니』에서 게으름 귀신은 각자 자신의 주인을 어떻게 생각할지 귀신의 입장이 되어 쓰세요.

게으름 귀신을 보내는 글

나의 주인은 함께 즐거운 시간을 보내다가 어느 날 마음이 변해서 나에게 떠나라고 했어. [예] 10년 동안 지낸 정이 있는데 갑자기 떠나라고 하니 정말 서운했지. 한편으로는 역사에 이름을 남기는 훌륭한 사람이 되겠다고 의지를 다지는 모습이 장하기도 했어. 그런데 너무 열심히 공부만 하다가 지쳐서 병이라도 생기면 어쩌지?

게으름도 때로는 이로움이 되나니

나의 주인은 나에게 떠나라고 했지만 근면도 화근이 될 수 있다고 말했더니 계속 함께하자고 했어. [예] 본인은 부지런하지 못해서 이룬 것이 없다고 투덜거렸지만, 욕심 없이 살았기 때문에 오랫동안 벼슬자리에 있었고, 사람들에게 욕먹지 않고 산 것 같아. 나의 주인은 욕심 없이 게으르게 살아서 장수할 거야.

---

3 『게으름 귀신을 보내는 글』과 『게으름도 때로는 이로움이 되나니』의 글쓴이가 죽어서 저승에 간다면 염라대왕에게 어떤 점수와 평가를 받을지 상상하여 쓰세요.

에헴, 높은 점수를 받아야 극락으로 간다.
낮은 점수를 받으면 어떻게 되나요?

- **이름**: 임제
- **나이**: 39세 (1549~1587)
- **생애**: 29세에 과거에 급제, 당파 싸움을 안타까워하다가 사직하고 명산을 찾아다니며 살았다. 뒤늦게 깨달음을 얻어 게으름을 물리치고자 했다.

- **이름**: 성현
- **나이**: 66세 (1439~1504)
- **생애**: 24세에 과거에 급제하여 높은 벼슬을 두루 거쳤다. 많은 글과 저서를 남겼으며, 글씨를 잘 썼다. 게으름의 이로움을 생각하며 함께하기로 했다.

- **점수**: [예] 80 점
- **평가**: [예] 게으름을 버리고 성실하게 살려고 노력하려는 자세가 인상적이다.

- **점수**: [예] 85 점
- **평가**: [예] 게으름을 통해 욕심을 버리려는, 한 차원 높은 경지의 삶을 살았다.

읽기 전 생각 열기

42~43쪽

1 내가 가장 좋아하는 회화 작품을 책이나 다른 자료에서 찾아 오려 붙이거나 그려 보고, 빈칸에 알맞은 내용을 쓰세요.

(예)

작품명	(예) 별이 빛나는 밤
화가	(예) 빈센트 반 고흐
이 작품을 좋아하는 까닭	(예) 밤하늘에 달과 별들이 무리 지어 밝게 빛나고 있고 은하수가 소용돌이치며 떠 있는 모습이 생동감 있게 느껴지기 때문이다.

2 다음 명화 속 인물의 표정에는 여러 가지 감정이 담겨 있어요. 각각의 감정이 얼마만큼 담겨 있는지 생각해 자유롭게 빈칸에 색칠해 보세요.

▲ 절규

감정	감정의 정도
행복	
슬픔	
분노	
우울	
놀람	
불안	

▲ 자화상

감정	감정의 정도
행복	
슬픔	
분노	
우울	
놀람	
불안	

해설

1 자신이 가장 좋아하는 회화 작품을 찾아보고 그 작품을 좋아하는 까닭을 정리하여 써 봅니다.

2 작품 속 인물의 눈빛이나 입 모양 등을 자세히 살펴보거나, 인물의 전체적인 표정이나 작품의 분위기 등을 통해 감정을 분석해 볼 수 있습니다.

읽기 전 낱말 탐구

44~45쪽

1 주어진 낱말 힌트와 문장을 읽고, 뜻이 잘 통하도록 알맞은 낱말을 찾아 ○표 하세요.

집안
우리 할머니께서는 훌륭한 (가문) 가통 가훈 에서 태어나 좋은 교육을 받고 자라셨다.

테두리
구름이 거치고 나자, 먼 산의 (윤곽) 윤기 윤리 이/가 서서히 드러나기 시작했다.

늘그막
선생님께서는 한적한 시골에 내려가 농사일에 몰두하며 만물 (말년) 말세 을/를 보내셨다.

이름
사시사철 아름다운 금강산은 겨울에는 개골산이라는 명단 명부 (명칭) (으)로 불린다.

으뜸
쉬지 않고 연습을 반복한 결과, 마침내 국립 발레단의 (수석) 수양 수행 발레리나가 되었다.

실마리
마을에서 일어난 사건의 단골 (단서) 단체 을/를 찾기 위해서 경찰은 현장을 샅샅이 조사하였다.

2 글자 수와 낱말의 뜻을 살펴보고, 낱말 카드의 글자를 이용해서 빈칸에 알맞은 낱말을 쓰세요.

2글자 사람의 물결이란 뜻으로, 수많은 사람을 이르는 말.
| 소 | 명 | 파 | 지 | 인 | → 인파 |

2글자 심한 모욕. 또는 참기 힘든 일.
| 난 | 곤 | 수 | 장 | 욕 | → 곤욕 |

2글자 원래대로 회복함.
| 복 | 성 | 사 | 원 | 모 | → 복원 |

4글자 뒤얽혀 복잡하여진 사정.
| 여 | 성 | 곡 | 유 | 절 | 우 | → 우여곡절 |

4글자 사람이 산을 이루고 바다를 이루었다는 뜻으로, 사람이 수없이 많이 모인 상태를 이르는 말.
| 인 | 수 | 인 | 명 | 산 | 해 | → 인산인해 |

낱말 탐구

✦ **가문:** 가족 또는 가까운 일가로 이루어진 공동체. 또는 그 사회적 지위.
✦ **가통:** 집안의 계통이나 내림.
✦ **윤곽:** 사물의 테두리나 대강의 모습.
✦ **말년:** 일생의 마지막 무렵.
✦ **명칭:** 사람이나 사물 따위의 이름. 또는 그것을 일컫는 이름.
✦ **수석:** 등급이나 직위 따위에서 맨 윗자리.
✦ **단서:** 어떤 문제를 해결하는 방향으로 이끌어 가는 일의 첫 부분.

한줄툭 **1** 미소 **2** 귀부인 **3** 눈썹 **4** 프랑스
5 도난 **6** 모나리자

56~57쪽

내용 확인 **1** 루브르 박물관 **2** ③ **3** ④
4 스푸마토 기법 **5** ④ **6** (3) ○
7 프랑수아 1세 **8** ④

1 레오나르도 다빈치가 그린 모나리자를 보기 위해서 해마다 전 세계에서 무려 1,000만 명이 넘는 관람객들이 프랑스 파리에 위치해 있는 루브르 박물관을 찾고 있습니다.

2 모나리자의 얼굴을 좌우 거꾸로 그렸다면 웃는 표정이 우세해지고 신비감이 줄어들었을 것이라고 하였습니다.

3 네덜란드 암스테르담 대학 연구팀이 모나리자의 미소 속에 들어 있는 감정을 분석한 결과, 행복 83%, 불쾌감 9%, 두려움 6%, 분노 2% 순으로 나타났습니다.

4 레오나르도 다빈치는 스푸마토 기법을 사용하여 모나리자의 신비로운 미소뿐만 아니라 그림 전체에 부드러움과 신비로운 깊이를 더하였습니다.

5 모나리자의 실제 모델이 누구인가에 대해서는 의견이 분분한데, 프란체스코 델 조콘다의 두 번째 부인인 리자 디 게라르디니가 가장 유력합니다. 이 밖에도 다빈치의 제자인 안드레아 살라이, 다빈치 자신, 다빈치의 어머니라는 의견도 있습니다.

6 가장 유력한 가설인, 레오나르도 다빈치가 그린 모나리자에는 원래 눈썹이 그려져 있었으나 그 이후에 떨어져 나갔다는 가설을 뒷받침하는 증거입니다.

7 레오나르도 다빈치를 프랑스로 초청해 후원하고, 다빈치의 다른 작품과 함께 모나리자를 구입한 사람은 당시 프랑스 국왕이었던 프랑수아 1세입니다.

8 1911년 루브르 박물관에 전시되어 있던 모나리자가 도난당한 사건으로 인해 모나리자는 오늘의 유명세를 얻었습니다.

1 『모나리자』를 읽고 새로 알게 된 내용을 정리하며 빈칸에 알맞은 내용을 쓰세요.

작품명: 모나리자
화가: 레오나르도 다빈치
크기·종류: 가로 53cm, 세로 77cm 크기의 유화
작품 내용: 한 여인의 초상화
제작 시기: 1503년~1506년 사이
소장하고 있는 곳: 루브르 박물관

모나리자의 신비한 미소

• 모나리자 얼굴의 왼쪽은 무표정한 것처럼 느껴지는 반면, 오른쪽 부분은 예 신비로운 미소를 짓는 것처럼 느껴진다
• 모나리자의 미소에 담긴 감정을 과학적으로 분석한 결과, 행복 83%, 불쾌감 9%, 두려움 6%, 분노 2%의 순으로 나타났다.
• 스푸마토 기법을 사용하여 그림의 윤곽선을 예 안개처럼 뿌옇게 보이게 만들었다.
• 다빈치는 스푸마토 기법을 통해 모나리자의 신비로운 미소뿐 아니라 그림 전체에 예 부드러움과 신비로운 깊이를 더해 주었다

모나리자의 실제 모델

• 프란체스코 델 조콘다의 두 번째 부인 리자 디 게라르디니 (으)로 가장 잘 알려져 있다.
• 다빈치의 제자였던 '안드레아 살라이'라는 설, 다빈치 자신의 자화상 을/를 여성화시켜 그렸다는 설, 자신을 낳아 준 어머니를 그렸다는 설 등이 있다.

모나리자의 눈썹

• 모나리자를 그릴 당시, 이마가 넓은 여자가 미인으로 여겨져 여성들이 눈썹을 뽑아 버리거나 눈썹을 가늘게 하는 게 유행이었다는 설이 있다.
• 다빈치가 말년에 오른손이 마비되어 예 모나리자를 완성하지 못했다 는 설이 꾸준히 나오고 있다.
• 최근 예 원래 눈썹이 있었으나 오랜 시간 뒤 복원하는 과정 에서 떨어져 나갔다 는 가설이 가장 유력하다.

모나리자 도난 사건

• 1911년 8월, 루브르 박물관 에 전시되어 있던 모나리자가 도난당하자, 전 세계의 뜨거운 관심이 집중되었다.
• 수사를 시작한 지 2년이 지나서야 한 미술상의 신고로 범인이 잡히고 모나리자는 이탈리아 피렌체 에서 발견되었다.
• 그림을 되찾을 때까지 거의 매일 유럽의 신문에 등장했고, 이 사건으로 인해 예 모나리자는 오늘의 유명세를 얻었다

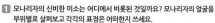

1 모나리자의 신비한 미소는 어디에서 비롯된 것일까요? 모나리자의 얼굴을 부위별로 살펴보고 각각의 표정은 어떠한지 쓰세요.

눈
예 무표정해 보이다가 웃는 듯한 표정이다.

왼쪽
예 입술을 일자로 다물고 한곳을 바라보고 있어 아무 표정이 없어 보인다.

오른쪽
예 입꼬리가 살짝 올라가 있어서 미소를 짓는 듯한 표정이다.

얼굴 전체
예 어떤 순간에는 온화한 미소를 지은 것 같아 보이기도 하고, 어떤 순간에는 섬뜩하고 무서운 표정을 짓고 있는 것 같기도 하다.

2 다음 모나리자 도난 사건의 범인 빈센초 페루자가 한 말을 읽고, 빈센초 페루자의 의견이 타당한지 평가해 보세요. 그리고 모나리자를 어디에서 소장하는 것이 맞다고 생각하는지 그 까닭을 쓰세요.

레오나르도 다빈치는 이탈리아의 예술가이고, 나는 모나리자를 고국인 이탈리아로 돌려보내고자 이와 같은 일을 한 것입니다.

● 빈센초 페루자의 의견이 타당하다고 생각하나요?

나는 빈센초 페루자의 의견이 타당하다 **타당하지 않다** 고 생각한다. 왜냐하면 예 모나리자가 프랑스에 있게 된 역사적 사실을 모르는 한낱 범인의 변명에 지나지 않기 때문이다.

● 모나리자는 어디에서 소장하는 것이 맞다고 생각하나요?

나는 모나리자를 **프랑스** 이탈리아 에서 소장하는 것이 맞다고 생각한다. 왜냐하면 예 프랑스에서 약탈한 것이 아니라, 프랑수아 1세가 다빈치의 작품을 구입한 것이라 소유권이 프랑스에 있기 때문이다.

해설

1 모나리자의 얼굴을 각 부위별로 나누어 어떤 표정인지 나름대로 분석하여 써 봅니다.

2 모나리자 도난 사건의 범인이 주장하는 내용과, 모나리자를 이탈리아와 프랑스 중 어떤 곳에서 소장하는 것이 맞는지에 대한 자신의 의견을 정하고 뒷받침할 수 있는 타당한 근거를 들어 봅니다.

3 현대에 들어서면서 많은 예술가들이 모나리자를 창의적으로 바꾸어 표현했어요. 내 시각이 잘 드러나게 모나리자를 새롭게 바꾸어 표현해 보고, 알맞은 제목도 붙여 보세요.

제목: 예 산타클로스 모나리자

4 모나리자를 관람하러 온 사람들에게 팸플릿을 나누어 주려고 해요. 내가 알고 있는 내용과 더 조사한 내용을 바탕으로 하여 안내 자료를 완성해 보세요.

모나리자
(Mona Risa)

관람 시간 안내
월, 목, 토, 일요일   09:00~18:00
수요일, 금요일   09:00~21:45
화요일   휴무
홈페이지: www.louvre.fr

모나리자를 소개하면	예 르네상스 시대의 대표적 화가인 레오나르도 다빈치가 이탈리아 피렌체에서 1503년에서 1506년 사이에 그린 그림임.
모나리자를 보기 위해서는	예 프랑스 파리에 있는 루브르 박물관을 방문하면 만날 수 있음.
모나리자의 관람 포인트는	예 • 보는 사람에게 신비로움을 느끼게 하는 '모나리자의 미소' • 눈썹이 없는 여인의 초상화라는 점
모나리자에 쓰인 기법은	모나리자의 신비로운 미소와 살아 있는 듯한 얼굴, 손을 스푸마토 기법(윤곽선을 안개가 낀 것처럼 뿌옇게 그리는 방법)으로 표현했음.
모나리자의 인기 비결은	예 1911년 도난 사건을 겪으면서 주목을 받게 되었고, 이후 지금까지 전 세계 사람들의 사랑을 독차지하고 있음.

Musée du Louvre

3 자신이 나타내고 싶은 주제를 정해, 주제에 맞는 인물의 모습으로 표현해 봅니다.

4 글을 읽고 알게 된 모나리자에 대한 정보를 바탕으로 팸플릿의 내용을 완성해 봅니다.

3주 갓

1 외국인들이 우리나라의 '갓'에 관심을 갖자, 인터넷 쇼핑몰에도 '갓'이 등장했어요. 갓을 처음 본 다음 외국인들의 대화 내용을 보고, '갓'에 대한 내 생각이나 느낌을 쓰세요.

양반 갓 선비 갓 (대) 지름 약 42cm
판매 가격: 12,900원
소비자 가격: 20,000원
원산지: 한국, 생산돼답니다
사이즈: 약 지름42cm×높이15cm×높이15cm
무게: 약 125그램
고객선호도: ★★★★★
본 상품은 해외 배송이 가능합니다.

햇볕을 가릴 때 쓰는 물건 같아요.

스웨이 넘치는 모자네요.

먼스럽긴 하지만 쓰고 다니기엔 불편할 것 같아요.

에이미   윌리엄   나카무라

'갓'에 대한 내 생각이나 느낌

예 머리에 큰 갓을 쓰면 움직이기가 불편해서 좀 더 조심스럽게 행동하게 될 것 같다. / 갓은 크고 넓어서 강한 햇볕을 가려 줄 수 있을 것 같다. / 갓을 쓰면 실제보다 키가 더 커 보이고 멋있어 보일 것 같다.

2 다음은 우리나라의 옛 모자입니다. 각각의 모자와 어울리는 옷차림을 한 사람을 찾아 알맞게 선으로 이으세요.

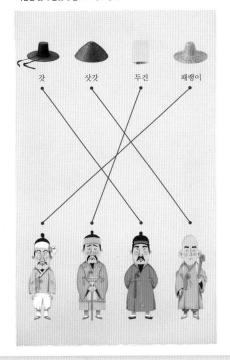

갓   삿갓   두건   패랭이

해설

1 갓의 모양이나 쓰임새, 재료, 착용감 등에 대한 생각이나 느낌을 자유롭게 써 봅니다.

2 조선 시대에는 개인의 사회적 지위나 하는 일 등에 따라 알맞은 의관을 갖춰 입었습니다.

---

1 주어진 낱말의 뜻을 살펴보고, 문장의 뜻이 잘 통하도록 알맞은 낱말을 찾아 ○표 하세요.

군사 일을 맡은 관리.
예전에 병서와 활쏘기 등의 무예 기술이 뛰어난 사람들은 문관 장관 (무관) 이 되는 시험을 봤다.

귀함과 천함.
할아버지께서는 항상 직업에는 귀속 귀신 (귀천) 이 없다고 말씀하시며 좋아하는 일을 선택하라고 하셨다.

상을 당해 입는 옷.
장례식장에 도착하자마자 (상복) 상의 상점 (으)로 갈아입은 삼촌은 슬퍼할 새도 없이 손님을 맞았다.

어느 때의 가운데.
세종대왕은 글자 없이 생활하는 백성들을 위해서 15세기 중심 중도 (중엽) 에 훈민정음을 만드셨다.

깨어져 못 쓰게 됨.
이번에 내린 폭우로 인해 우리 마을의 많은 건물과 도로가 파국 (파손) 파양 되었다.

통역하는 관리.
역군 (역관) 역적 은 비록 중인 계급에 속하였지만, 외교 관계에 있어 없어서는 안 될 중요한 존재였다.

2 다음 낱말과 뜻풀이를 살펴보고, 빈칸에 알맞은 낱말을 보기에서 찾아 쓰세요.

보기 성격 세상 실패 이상 한숨 황당

나태하다
행동, 성격 따위가 느리고 게으르다.

반포하다
세상 에 널리 퍼뜨려 모두 알게 하다.

해괴하다
크게 놀랄 정도로 매우 이상 하고 야릇하다.

허황되다
헛되고 황당 하며 미덥지 못하다.

낭패스럽다
계획한 일이 실패 하거나 잘못될 듯한 상태에 있다.

한탄하다
원통하거나 뉘우치는 일이 있을 때 한숨 을/를 쉬며 탄식하다.

낱말 탐구

✦ **귀속**: 재산이나 영토, 권리 따위가 특정 주체에 붙거나 딸림.

✦ **중도**: 일이 진행되어 가는 동안.

✦ **중엽**: 어떠한 시대를 처음·가운데·끝의 셋으로 나눌 때 그 가운데 부분을 이르는 말.

✦ **파국**: 일이나 사태가 잘못되어 결딴이 남. 또는 그 판국.

✦ **파양**: 양자 관계의 인연을 끊음.

✦ **역군**: 일정한 부문에서 중요한 역할을 하는 일꾼.

✦ **역적**: 자기 나라나 민족, 통치자를 반역한 사람.

❶ 갓　❷ 폐단　❸ 오만한 태도　❹ 패랭이
❺ 들갓　❻ 쓰개

82~83쪽

내용 확인 ❶ 농부가 비를 피하는 도구　❷ ②
❸ (1) ○ (3) ○ (4) ○　❹ ①　❺ ④
❻ ②　❼ (1) ㉮ (2) ㉯　❽ ③

❶ 갓은 농부가 비를 피하는 도구였는데, 이는 옛날에 풀로 갓을 만들어 비를 피했던 것에서 비롯되었다고 하였습니다.

❷ 요즈음 갓의 모양새는 점점 높고 넓어져서 쓰기에 불편하고 훌륭한 멋이 없으며 균형이 안 맞아 볼품이 없으므로 고쳐야 한다고 하였습니다.

❸ 갓양태의 끝이 남의 눈이나 이마를 다치게 하는 점, 비바람이 몰아치면 지나치게 갓이 펄럭인다는 점, 비바람이 심할 때 갓을 잡느라 비옷을 제대로 쓸 수 없고 말의 고삐도 잡을 수 없다는 점, 만드는 과정도 어렵고 비싸다는 점 등을 갓의 폐단으로 들었습니다.

❹ 생김새도 매우 괴상한 풀갓은 사람들이 법도나 예절에 맞지 않게 쓰고, 빽빽하여 통풍이 안 되어 바람이 불면 끈이 턱을 파고들고, 만드는 과정이 어렵고 값도 비싸 금하는 것이 좋다고 하였습니다.

❺ 패랭이는 비렁뱅이의 갓으로, 그 생김새와 만드는 방법을 고치는 게 마땅하다고 하였습니다.

❻ 글쓴이는 갓모자의 통이 크고 갓양태가 짧은 데다 여름에 시골에서 쓰면 차분하고 넉넉한 멋이 있는 들갓을 쓰는 것은 좋다고 하였습니다.

❼ 글쓴이는 나라에서 백성들로 하여금 계절에 따라 쓰개를 달리 쓰게 해야 한다고 하며, 봄여름에는 새끼나 대나무로 들갓처럼 만들어 쓰고, 가을 겨울에는 갓모자의 통은 크고 갓양태는 짧게 한 벙거지를 써서 이마를 충분히 덮을 수 있게 하는 것이 좋다고 하였습니다.

❽ 글쓴이는 나라에서 명령을 내려 갓을 쓰지 못하게 하고, 별도로 쓰개를 만들어 반포하되, 등급에 대한 차별을 정해야 한다고 주장했습니다.

1 『갓』에서 글쓴이의 주장과 근거를 정리하며 빈칸에 알맞은 말을 쓰세요.

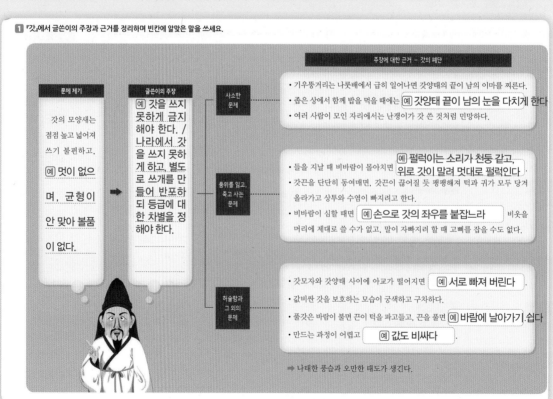

문제 제기

갓의 모양새는 점점 높고 넓어져서 쓰기 불편하고, [예] 멋이 없으며, 균형이 안 맞아 볼품이 없다.

글쓴이의 주장

[예] 갓을 쓰지 못하게 금지해야 한다. / 나라에서 갓을 쓰지 못하게 하고, 별도로 쓰개를 만들어 반포하되 등급에 대한 차별을 정해야 한다.

주장에 대한 근거 – 갓의 폐단

사소한 문제
• 기우뚱거리는 나룻배에서 급히 일어나면 갓양태의 끝이 남의 이마를 찌른다.
• 좁은 상에서 함께 밥을 먹을 때에는 [예] 갓양태 끝이 남의 눈을 다치게 한다.
• 여러 사람이 모인 자리에서는 난쟁이가 갓 쓴 것처럼 민망하다.

품위를 잃고, 죽고 사는 문제
• 들을 지날 때 비바람이 몰아치면 [예] 펄럭이는 소리가 천둥 같고, 위로 갓이 말려 멋대로 펄럭인다.
• 갓끈을 단단히 동여매면, 갓끈이 끊어질 듯 팽팽해져 턱과 귀가 모두 당겨 올라가고 상투와 수염이 빠지려고 한다.
• 비바람이 심할 때면 [예] 손으로 갓의 좌우를 붙잡느라 비옷을 머리에 제대로 쓸 수가 없고, 말이 자빠지려 할 때 고삐를 잡을 수도 없다.

허술함과 그 외의 문제
• 갓모자와 갓양태 사이에 아교가 떨어지면 [예] 서로 빠져 버린다.
• 값비싼 갓을 보호하는 모습이 궁색하고 구차하다.
• 풀갓은 바람이 불면 끈이 턱을 파고들고, 끈을 풀면 [예] 바람에 날아가기 쉽다.
• 만드는 과정이 어렵고 [예] 값도 비싸다

➡ 나태한 풍습과 오만한 태도가 생긴다.

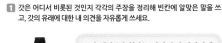
1 갓은 어디서 비롯된 것인지 각각의 주장을 정리해 빈칸에 알맞은 말을 쓰고, 갓의 유래에 대한 내 의견을 자유롭게 쓰세요.

어떤 사람

> 먼 옛날 '기자'라는 사람이 우리나라에 와서 백성들이 싸움 을/를 하지 못하게 하려고 만들어 쓰게 한 것이오.

> 갓은 풀로 갓을 만들어 비 을/를 피했던 데서 비롯되었지요. 즉, 농부가 비를 피하는 도구였습니다.

글쓴이

이익

> 갓은 옛날 고깔 (으)로부터 비롯된 것이오.

갓의 유래는 무엇일까요?

[예] 내 생각에는 갓은 머리를 장식하던 도구에서 비롯된 것 같다. 왜냐하면 사람은 누구나 아름다움을 추구하기 때문이다.

2 글쓴이는 백성들의 쓰개를 어떻게 고쳐야 한다고 했는지 빈칸에 알맞은 내용을 쓰세요.

쓰는 사람	쓰개 종류	쓰개의 개선 방향
시골 사람	패랭이	• 갓모자를 조금 크게 하여 평평하지도 뾰족하지도 않게 한다. • 갓양태 을/를 짧게 끊는다. • 칠을 하거나 물을 들여서 약간의 장식 을/를 한다.
농부	세모꼴의 일본 삿갓 같은 것	• 밭갈이할 때만 쓰게 한다. • 평상시에는 [예] 쓰고 성 안으로 들어오지 못하도록 엄격하게 금한다.
상을 당한 사람	방갓	• 상복은 예절과 제도가 갖추어 있으니 그에 맞게 입고, [예] 머리에 오랑캐 갓을 쓰는 것을 바르게 고친다.
군사, 평민	벙거지	• 가을과 겨울에만 쓰도록 한다. • [예] 갓모자의 통은 크고 갓양태는 짧게 하여 이마를 충분히 덮게 한다.

3 글쓴이는 갓을 어떻게 고쳐야 한다고 했는지 정리해 보고, 글쓴이의 주장에 따라 고친 갓의 모습을 그림으로 그려 보세요.

갓 꼭대기
> 평평하지 않아도 좋으며, [예] 꺾을 수 있으면 꺾어서 뾰족하지 않은 것이 좋다.

갓모자
> 이마를 덮을 수 있게 통을 넓게 하고, 높이는 [예] 조금 낮춘다.

고친 갓의 모습은?
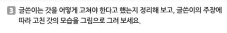
[예]

갓양태
> [예] 날카롭지 않아야 한다.

갓끈
> [예] 넓되 길지 않는다.

4 글쓴이가 갓을 금지하지 못한 까닭은 무엇 때문이라고 했는지 빈칸에 알맞은 내용을 쓰고, 갓을 금지하지 못한 것에 대한 내 의견과 그렇게 생각하는 까닭을 쓰세요.

> 쓰개를 쓰는 법과 격식이 매우 쉬운데, [예] 사람마다 의견이 달라서 주저하다가 중지하고 말았지.

> 백성이 [예] 풍속을 바꾸는 것 을/를 어려워하였고, 머뭇거리다 금지하지 못했어.

갓을 금지하지 못한 것에 대한 내 의견	[예] 갓을 금지하지 못한 것은 안타까운 일이라고 생각한다. / 잘된 일이라고 생각한다.
그렇게 생각하는 까닭	[예] 갓에는 여러 가지 폐단이 있었고 그로 인해 여러 가지 불편을 겪었음에도 남의 이목을 중요하게 생각하는 사회적 분위기로 인해 계속 이어 온 것이기 때문이다. / 현재로 볼 때는 조상들의 생활 모습을 엿볼 수 있어 좋기 때문이다.

해설

1 글쓴이는 글의 앞부분에서 다른 사람들이 갓이 어디서 비롯되었다고 생각하는지를 밝히고 있습니다. 갓의 유래에 대한 자신의 생각은 어떠한지 자유롭게 써 봅니다.

2 글을 다시 읽고, 여러 가지 쓰개에 대한 글쓴이의 의견을 찾아 정리해 써 봅니다. 글쓴이는 패랭이, 방갓, 벙거지 등의 바른 사용에 대해 말하고 있습니다.

3 갓 꼭대기는 뾰족하지 않은 것이 좋고, 갓모자의 높이는 낮추고, 갓양태는 날카롭지 않게 하며, 갓끈은 넓되 길지 않게 해야 한다는 글쓴이의 주장에 맞는 갓을 그려 봅니다.

4 갓을 금지하지 못한 것에 대한 자신의 의견을 정하고, 그렇게 생각하는 까닭이나 타당한 근거를 들어 봅니다.

4주 동백꽃

읽기 전 생각 열기

1 여자아이가 용기를 내어 좋아하는 남자아이에게 선물을 주었어요. 각각의 상황에서 여자아이의 마음은 어떠할지 짐작하여 쓰세요.

내 마음을 담은 선물이야.

오, 그래? 정말 고마워.

예 • 신나고 즐거울 것이다.
 • 기쁘고 행복할 것이다.

내 마음을 담은 선물이야.

선물 필요 없어. 너나 가져.

예 • 속상하고 기분이 나쁠 것이다.
 • 몹시 부끄럽고 창피할 것이다.

2 1930년대의 농촌에는 소작 제도라는 것이 있었어요. 소작 제도에 대해 설명하는 뚱이의 말을 잘 읽고, 소작농과 마름의 관계는 어떠했을지 생각하여 까닭과 함께 쓰세요.

농사지을 땅을 가지지 못한 가난한 농민이 남의 땅을 빌려 농사를 짓는 일을 '소작'이라고 하고, 소작을 하는 농가 또는 농민을 '소작농'이라고 해. 소작농은 지주(땅 주인)에게 수확량의 30퍼센트 정도를 소작료(땅을 빌린 값)로 내야 했어.

지주 대신 소작지를 관리, 감독하는 사람이 있었는데, 이를 '마름'이라고 해. 마름은 소작인과 소작료를 결정하고, 소작료로 받은 작물을 보관하거나 운반하는 일을 했어. 마름이 지주를 대신해 소작인에게 소작권을 책임 지워 맡긴 문서를 '배재'라고 하는데 이는 소작을 할 수 있는 권리를 뜻해.

| 소작농과 마름의 관계 | 예 서로 가깝거나 친하게 지내지는 않았을 것 같다. / 소작농은 잘 보이려고 마름의 눈치를 살폈을 것 같고, 마름은 소작농에게 자신의 능력과 힘을 내세웠을 것 같다. |

| 그렇게 생각하는 까닭 | 예 마름이 땅 주인을 대신하여 실질적으로 소작지를 관리, 감독하였기 때문이다. / 마름이 소작인과 소작료를 결정하였기 때문에 다른 사람보다 좋은 조건을 얻으려면 마름에게 잘 보여야 했기 때문이다. |

해설

1 선물을 받는 남자아이의 반응에 따라 여자아이의 마음이 달라질 것입니다.

2 뚱이의 말에서 소작 제도, 소작인과 마름에 대해 파악하고 이들의 관계가 어떠했을지 짐작해 봅니다.

읽기 전 낱말 탐구

1 다음 낱말의 뜻을 살펴보고, 빈칸에 알맞은 낱말을 보기 에서 찾아 쓰세요.

| 보기 | 기색 | 두엄 | 서슬 | 역정 |
| | 대거리 | 수작 | 호령 | 명색 |

서로 말을 주고받음. 그 말.
→ **수작**

강하고 날카로운 기세.
→ **서슬**

상대편에게 맞서서 대듦. 또는 그런 말이나 행동.
→ **대거리**

풀, 짚 또는 가축의 배설물 따위를 썩힌 거름.
→ **두엄**

몹시 언짢거나 못마땅하여 내는 성.
→ **역정**

마음의 작용으로 얼굴에 드러나는 빛.
→ **기색**

겉으로 내세우는 구실.
→ **명색**

큰 소리로 꾸짖음.
→ **호령**

2 다음 문장을 잘 읽고, 빈칸에 알맞은 낱말을 보기 에서 찾아 쓰세요.

| 보기 | 하릴없이 | 비슬비슬 | 소보록하니 | 싱둥겅둥 |
| | 암팡스레 | 부리나케 | 걱실걱실히 | 연거푸 |

수인이는 술 취한 사람처럼 **비슬비슬** 몇 발짝 걷다가 그 자리에 쓰러졌다.

엄마의 성화에 일어난 정우는 책상에 앉아 **싱둥겅둥** 책을 넘기기 시작했다.

준혁이가 **암팡스레** 쥔 주먹을 들어 보이며 나에게 겁을 주었다.

영진이는 궁금한 것이 그리 많은지 나에게 **연거푸** 질문을 해 댔다.

걱실걱실히 수다 잘 떨고 인사 잘하는 은영이는 모두에게 사랑을 받았다.

마당에 나가 보니 우리 집 파란 지붕 위에도 밤새 내린 눈이 **소보록하니** 쌓여 있다.

빗방울이 떨어져서 우리는 **부리나케** 산에서 내려왔다.

강물에 떠내려가는 신발을 **하릴없이** 바라볼 수밖에 없었다.

낱말 탐구

✦ **비슬비슬:** 자꾸 힘없이 비틀거리는 모양.

✦ **싱둥겅둥:** 정성을 들이지 않고 대강대강 일을 하는 모양. 비 건성건성.

✦ **암팡스레:** 몸은 작아도 야무지고 다부진 면이 있게.

✦ **연거푸:** 잇따라 여러 번 되풀이하여.

✦ **걱실걱실히:** 성질이 너그러워 말과 행동을 시원스럽게 하는 모양.

✦ **소보록하니:** 물건이 많이 담기거나 쌓여 좀 볼록하게 도드라져 있게.

✦ **하릴없이:** 달리 어떻게 할 도리가 없이.

108~109쪽

내용 확인 ❶ ① ❷ 마름 ❸ ④ ❹ (3) ○
❺ ③ ❻ ㉮, ㉰ ❼ 동백꽃 ❽ ③

1 점순이는 평소 '나'에게 호감을 가지고 있어 김이 확 끼치는 감자 세 개를 들고 와 '나'에게 내밀었습니다. 그런데 '나'가 감자를 도로 점순이의 어깨 너머로 밀어 버리며 자신의 호의를 거절하자, '나'와 점순이의 갈등이 시작되었습니다.

2 점순네는 지주를 대신해 소작지를 관리하는 '마름'인데, 점순네에게 잘못 보여 땅도 떨어지고 집도 내쫓길까 봐 '나'의 어머니는 걱정하고 있습니다.

3 점순이는 '나'의 관심을 끌기 위해서 '나'의 씨암탉을 자기 치마 앞에다 붙들어 놓고 '내' 앞에서 보란 듯이 힘껏 때리고 못살게 굴었습니다.

4 점순이가 틈틈이 제 집 수탉을 몰고 와서 '나'의 집 수탉에게 쌈을 붙이자, '나'는 쌈닭에게 고추장을 먹이면 기운이 뻗친다는 말을 떠올리고 수탉에게 고추장을 먹였습니다.

5 '나'는 못살게 군다고 계집애와 싸울 수도 없는 노릇이고 형편이 불리하다는 것을 알고는 있었지만, 그렇다고 점순이를 피해 늘 숨어 다니지는 않았습니다.

6 ㉮, ㉰를 통해 '나'는 눈치 없는 성격임을 알 수 있습니다. 점순이가 감자를 준 이유도, '나'를 못살게 괴롭히는 이유도 '나'에 대한 호감 때문인 것을 '나'는 전혀 알아차리지 못하고 있습니다. ㉱는 점순이가 일부러 닭싸움을 시켜 자기 닭이 거의 죽어 가는 것을 보고 화가 나서 한 행동으로, 눈치 없는 성격과는 관련이 없습니다.

7 이 글에서 '동백꽃'은 '나'와 점순이 사이의 갈등이 해결되고 풋풋한 사랑의 분위기를 만들어 주는 역할을 하고 있습니다.

8 이 글은 농촌 마을을 배경으로 하여 사춘기 소년, 소녀가 사랑에 눈뜨는 과정을 아름답게 그린 이야기입니다.

1 '나'의 입장에서 정리한 『동백꽃』의 줄거리를 살펴보고, 점순이의 입장에서 이야기를 새롭게 정리해 빈칸에 알맞은 내용을 쓰세요.

오늘도 점순이가 닭싸움을 붙여 놓아 나를 괴롭혔다.

오늘도 녀석의 기를 바짝바짝 올리느라고 닭싸움을 붙여 놓았다.

나흘 전 감자를 거절한 일만 하더라도 나는 점순이에게 조금도 잘못한 것이 없다.

나흘 전 녀석은 몰래 가져다준 감자 을/를 안 먹는다면서 거절했다.

그 일 이후로 점순이는 우리 씨암탉과 수탉을 계속 못살게 굴었다.

예) 그 뒤로 틈만 나면 녀석의 씨암탉과 수탉을 못살게 굴고 괴롭혔다.

하루는 우리 수탉에게 고추장을 먹여 쌈을 붙여 보았지만 소용이 없었다.

예) 하루는 녀석이 몰래 와서 닭싸움을 붙였지만, 되레 자기 닭이 실컷 쪼이고 물러갔다.

오늘 나무를 하고 내려오는데 이 계집애가 산기슭 길목에다 또 닭싸움을 붙여 놓았다.

녀석의 약을 올리느라고 일부러 닭싸움을 붙여 놓고 호드기 을/를 불고 있었다.

나는 다 죽게 된 우리 닭을 보고 화가 나서 점순네 수탉을 때려 죽이고 말았다.

예) 녀석이 흥분하여 달려들더니 우리 수탉을 단매로 때려 죽였다.

닭을 죽이고서 분하고 두려운 마음이 들어 울음을 터뜨렸는데 점순이가 달래 주었다.

예) 녀석이 눈을 가리고 울음을 터뜨리는 모습이 귀엽고 순진해 보였다.

점순이가 쓰러지는 바람에 나도 동백꽃 속으로 폭 파묻혀 버렸다.

뒤에 떠다 밀린 척하며 녀석의 어깨를 짚은 채 동백꽃 사이로 쓰러졌다.

1 다음은 '나'와 점순이 사이에 있었던 감자 사건의 내용입니다. 이때 인물의 속마음은 어떠했을지 짐작하여 빈칸에 쓰세요.

> 언제 구웠는지 아직도 더운 김이 홱 끼치는 굵은 감자 세 개가 손에 뿌듯이 쥐었다.
> "느 집엔 이거 없지?"
> 하고 생색 있는 큰소리를 하고는 제가 준 것을 남이 알면 큰일 날 테니 얼른 먹어 버리란다. 그리고 또 하는 소리가,
> "너, 봄 감자가 맛있단다."
> "난 감자 안 먹는다, 니나 먹어라."
> 나는 고개도 돌리지 않고 일하던 손으로 그 감자를 도로 어깨 너머로 쑥 밀어 버렸다.

(예) "느 집엔 이거 없지?"라는 말에 자존심 상하고 불쾌해. 주려면 곱게 줄 것이지, 내가 거지인 줄 알아?

(예) 흥, 저를 생각해서 뜨끈뜨끈한 감자를 가져왔더니 말하는 것 좀 봐. 아, 자존심 상해. 두고 보자. 가만두지 않을 거야.

2 이 이야기의 중요한 사건을 정리했어요. 각 낱말이나 사건에 담겨 있는 뜻을 생각하며 이야기가 어떻게 전개되었는지 빈칸에 알맞은 내용을 쓰세요.

중요한 낱말, 사건	이야기의 전개 과정
감자	점순이가 '나'에 대한 관심을 감자를 통해 표현했지만 '나'가 거절하자, '나'와 점순이 사이의 갈등이 시작된다.
닭싸움을 시킴.	점순이가 감자를 거절한 '나'에게 분풀이를 하는 동시에 '나'의 **관심** 을/를 끌려고 하는 행동으로, '나'와 점순이의 **갈등** 이/가 점점 깊어진다.
닭을 때려 죽임.	닭을 데려와 닭싸움을 시킨 점순이에게 분노한 '나'가 홧김에 저지른 행동으로, (예) '나'와 점순이 사이의 갈등이 최고에 이른다.
'나'의 울음	(예) 점순이가 수탉 죽인 일을 이르지 않겠다고 말하며 울고 있는 '나'를 달래 줌으로써 갈등을 해결하는 실마리가 된다.
동백꽃 향기	(예) '나'와 점순이 사이의 갈등이 해결되어 화해하게 된다.

3 앞으로 '나'와 점순이의 관계는 어떻게 전개될까요? 인물의 성격을 정리해 보고, 그것을 바탕으로 상상하여 쓰세요.

'나'의 성격
(예) 우직하고 순박하다. / 어수룩하면서 눈치가 없다.

점순이의 성격
(예) '나'에 비해 성숙하고 영악하다. / 집요하고 적극적이다.

앞으로의 '나'와 점순이의 관계
(예) 점순이의 마음을 알게 된 '나'는 점순이를 만날 때마다 수줍게 미소를 지으면서도 마름의 딸인 점순이에게 쉽게 다가가지는 못할 것 같다. 반면에 점순이는 '나'를 만날 때마다 '나'에게 필요한 것들을 챙겨 주며 좀 더 적극적으로 좋아하는 마음을 표현할 것 같다.

두 인물의 성격뿐 아니라 신분적 차이 등도 둘 사이의 관계에 영향을 끼칠 수 있어. 이를 고려하여 앞으로의 이야기를 자유롭게 상상해 봐.

4 '나'와 점순이가 서로 혼인을 약속하게 된다면, 부모님들은 어떤 반응을 보일까요? 부모님들의 반응에 ✓표를 하고, 그 까닭을 짐작해서 쓰세요.

'나'의 부모
☐ 혼인 찬성　✓ 혼인 반대
까닭: (예) 행여 마름인 점순네 부모들의 노여움을 사서 소작 붙이던 땅을 잃고 집에서 쫓겨날까 봐 반대한다.

점순네 부모
✓ 혼인 찬성　☐ 혼인 반대
까닭: (예) 신분 때문에 망설였지만, '나'의 부모의 인성과 평소 듬직하고 순박한 '나'의 모습이 맘에 들어 허락한다.

해설

1 주어진 상황에서 자신이라면 어떤 마음이 들었을지 생각해 보고, 인물의 마음을 짐작해 각자의 속마음이 잘 드러나게 표현해 봅니다.

2 이야기의 구성 단계는 보통 '발단– 전개– 절정– 결말'로 이루어집니다. '나'와 점순이 사이의 갈등을 중심으로 이야기의 전개 과정에 맞게 내용을 정리해 봅니다.

3 두 인물의 성격을 통해 앞으로의 행동을 짐작해 볼 수 있습니다. 무뚝뚝하고 소극적인 '나', 당돌하고 적극적인 점순이의 성격으로 둘 사이의 관계가 어떻게 진전될지 자유롭게 상상해 봅니다.

4 두 집안은 마름과 소작 농이라는 신분 차이를 가지고 있습니다. 이것이 걸림돌이 될 수도 있고, 신분 차이를 뛰어넘어 사랑을 완성할 수도 있을 것입니다. 부모님의 반응을 다양하게 생각하여 답해 봅니다.

39쪽

★ '난센스'는 이치에 맞지 않거나 평범하지 않은 말 또는 일을 말해요. 재미있는 난센스 퀴즈를 풀어 보세요.

① 신사가 자기소개를 네 글자로 한다면?

정답: 신사임당

② 창으로 찌르려 할 때 외치는 말은?

정답: 창피해

③ 0-0은?

정답: 안경

④ 깨뜨리면 칭찬받는 것은?

정답: 기록

65쪽

★ 세 친구들이 멋진 포즈를 뽐내고 있네요. 개성이 넘치는 세 친구들 사이에 숨어 있는 여덟 가지 그림들을 찾아보세요.

91쪽

★ 겨울은 춥지만 참 아름다운 계절이지요. 눈이 내린 겨울의 풍경을 마음껏 상상해서 스노우 볼을 꾸며 보세요.

117쪽

★ 두근두근 떨리는 마음으로 입학한 것이 엊그제 같은데, 어느덧 졸업을 앞두고 있네요. 6년 동안 많은 추억들이 쌓였을 거예요. 초등학교를 다니면서 나 스스로를 칭찬하고 싶었던 일, 자랑스러웠던 일 여섯 가지를 적어 보세요. 사소한 것도 좋아요!

예 6년 동안 한 번도 지각을 하지 않은 일

예 학교 대표로 토론 대회에 나가 2위로 입상한 일

예 영어 공부를 꾸준히 해서 목표를 달성한 일

예 평생을 함께 할 단짝 친구를 세 명 만든 일

예 4, 5, 6학년 학급 회장으로 맡은 책임을 성실히 다한 일

예 밥 잘 먹고 운동을 열심히 하여 키가 많이 자란 일

 주제 ❶ 초등학생이 화장을 해도 좋은가?

❶ 예 ○○초등학교에 다니는 4~6학년 여학생 중에서 절반 가량은 화장을 한 적이 있다. / 색조 화장을 하는 여학생이 42.7% 정도로 나타났다. ❷ 예 성조숙증을 비롯하여 각종 피부염(알레르기나 피부 질환)을 일으킬 수 있다. ❸ 예 초등학생들이 화장을 하는 추세를 막을 수 없다면 차라리 화장품의 올바른 사용법을 알려 주어 안전하게 화장하도록 교육하자는 의도이다.
❹ 예 어린이들이 화장품 등 외모에 너무 신경을 쓰다 보면 자칫 '외모 지상주의'로 빠질 수 있기 때문이다. ❺ 예 개성 존중, 인권 보호 추세가 강화되면서 어린이들의 화장을 일방적으로 규제할 수 없는 상황에서 합리적으로 지도하기 위해서이다. ❻ 예 불량한 아이들만 화장을 한다고 여기거나, 화장을 하는 어린이의 학교생활이나 태도가 불량할 것이라는 생각 등이 있다.
❼ 예 초등학생이 화장을 해도 좋은가에 대하여 의견을 말하고 있다. ❽ •진우 / 초등학생이 화장을 하는 것은 좋지 않다. / 피부가 연약한 어린이들은 화장품에 들어 있는 화학 성분으로 인해 피부 질환이 생길 수 있기 때문이다. •세윤 / 해로운 성분이 들어 있지 않은 화장품으로 화장을 하는 것은 괜찮다. / 화장을 하고 외모를 가꾸는 것은 개성이므로 존중해 주어야 하기 때문이다.
•태영 / 화장은 나중에 어른이 되어서 해도 충분하다. / 어려서부터 화장이나 외모에 신경을 쓰다 보면 자칫 외모 지상주의로 빠질 수 있기 때문이다. ❾ 예 나는 초등학생이 화장을 해도 좋다고 생각한다. 왜냐하면 허가된 어린이용 화장품은 해로운 성분이 없어서 안심하고 사용할 수 있을 뿐만 아니라 자신의 외모에 관심을 가지는 것은 누구에게나 자연스러운 일이기 때문이다.

❷ 어느 피부과 교수는 화장품에 들어 있는 색소나 보존제 때문에 부작용이 생길 수 있으므로 초등학생의 경우에는 가급적 화장을 하지 않는 게 좋다고 주의를 주었습니다.

❺ 어린이들의 화장을 일방적으로 규제할 수 없는 상황이고, 학부모들의 교육관과 학교·교사의 지침이 다를 경우에는 학생들이 혼란스러워하기 때문에 어린이들을 합리적으로 지도하려는 의도에서 '학생 화장 허용 동의서'를 발송하게 된 것입니다.

주제에 맞게 글 쓰기

❶ 처음 부분에 들어갈 내용을 간단히 정리해 보세요.

> 예 요즘 화장을 하는 초등학교 여학생들이 급속하게 늘어나고 있다. 조사에 따르면, 초등학교 4~6학년 여학생 가운데에서 절반 가량이 화장을 한 적이 있고, 화장을 하는 여학생의 43% 정도는 색조 화장을 하는 것으로 나타났다.

❷ 가운데 부분에 들어갈 내용을 간단히 정리해 보세요.

> 예 나는 초등학생이 화장을 해도 문제가 없다고 생각한다. 왜냐하면 이미 절반 이상의 초등학교 여학생이 화장을 하고 있을 뿐만 아니라, 최근에 해로운 성분을 뺀 어린이용 화장품이 출시되어 안심하고 사용할 수 있기 때문이다. 더구나 자신의 외모에 관심을 갖고 아름답게 꾸미는 것은 자연스러운 일이기 때문이다.

❸ 끝부분에 들어갈 내용을 간단히 정리해 보세요.

> 예 초등학생에게 화장을 하지 말라고 강요하기보다는 안전한 화장품을 사용하여 올바르게 화장하는 방법을 교육하는 게 바람직하다.

❹ ❶~❸에서 정리한 내용을 바탕으로 하여 글을 쓰세요.

> 예 제목: 초등학생의 화장, 막을 것이 아니고 올바르게 가르치자
>
> 요즘 화장을 하는 초등학교 여학생들이 급속하게 늘어나고 있다. ○○초등학교에서 실시한 설문 조사 결과에 따르면, 초등학교 4~6학년 여학생 가운데에서 절반 가량이 화장을 한 적이 있고, 화장을 하는 여학생의 43% 정도는 색조 화장을 하는 것으로 나타났다.
> 잘못 사용하면 피부 질환이 생길 수 있다는 피부과 의사의 우려나 일부 어른들의 편견이 있지만, 나는 초등학생이 화장을 해도 문제가 없다고 생각한다.
> 첫째, 이미 절반 이상의 초등학교 여학생이 화장을 하고 있고, 색조 화장까지 하는 어린이들도 있다. 이미 화장을 하고 있는 수많은 어린이들에게 무조건 화장을 하지 말라고 강요하는 것은 현실적으로 불가능하다.
> 둘째, 요즘은 어린이를 위한 전용 화장품들이 출시되고 있다. 이러한 화장품에는 어린이에게 해로운 성분을 넣지 않았을 뿐만 아니라, 피부 자극 테스트를 거쳤기 때문에 안심하고 사용할 수 있다.
> 셋째, 예뻐지고 싶은 욕구는 어른이나 아이나 똑같다. 자신의 외모에 관심을 갖고 아름답게 꾸미는 것은 초등학생에게도 자연스러운 일이다.
> 화장을 하는 초등학교 여학생들은 앞으로도 점점 더 늘어날 것이다. 더 이상 초등학생에게 화장을 하지 말라고 강요하는 것은 의미가 없다. 그보다는 어린이들에게 불량 화장품이 아닌 안심하고 사용할 수 있는 어린이용 화장품을 사용하도록 알려 주고, 화장을 잘 지우는 법 등 올바른 화장 방법을 가르쳐 주는 게 바람직하다고 생각한다.

주제 ❷ 로봇은 인간의 삶을 행복하게 할 것인가?

128~133쪽

1 예 경기장에 설치된 3대의 카메라를 통해 야구공이 나아가는 궤적과 위치 정보를 측정하고, 이를 자체 설정한 스트라이크 존에 적용하여 판정해 낸다. **2** 예 로봇 심판 적용 결과는 꽤 긍정적이었고, 스트라이크 존이 일관되게 적용되어 선수들의 만족도도 높았다. **3** 예 사람 대신 주문을 받기도 하고, 최적의 경로를 계산해 주문한 음식을 손님에게 직접 가져다준다. **4** 예 이제껏 사람이 해 온 일을 로봇이 도맡아 버리면 사람들은 일자리를 잃게 되는 문제가 생길 수 있다. **5** 예 원격으로 데이터를 도난당할 수 있다. / 로봇의 작동이 중단되거나 손상을 입을 뿐만 아니라, 환경 위해와 인명 손실 등 심각한 결과를 초래할 수 있다. **6** 예 로봇을 개발하고 다루는 데 있어 인류의 안녕과 평화를 최우선으로 하는 윤리 의식이 가장 필요하다고 생각한다. **7** 예 이빨로 흙을 긁어 내고 앞발을 사용해 땅을 파고 잔해를 제거하는 기능을 본떠 설계하였다. **8** 예 지하수 개발과 땅 꺼짐 현상, 우주 개발 등 다양한 분야에 적용할 수 있으며, 효율성과 경제성이 뛰어나 세계 시장 진출도 가능할 것으로 기대한다. **9** 예 로

봇이 인간의 삶을 행복하게 할 것인가에 대하여 의견을 말하고 있다. **10** •성욱 / 로봇은 인간의 삶을 행복하게 해 준다. / 산업용 로봇이 인간의 일을 대신해 줌으로써 인간은 시간적 여유를 누릴 수 있기 때문이다. •수진 / 로봇은 인간의 삶을 불행하게 만든다. / 인간이 해 오던 일을 로봇이 대신하게 되면 인간은 일자리를 잃게 되기 때문이다. •정민 / 로봇은 인간의 삶을 행복하게 해 준다. / 의료용 로봇은 매우 정밀한 수술에 폭넓게 활용되어 인간의 생명을 연장하는 데 도움을 주기 때문이다. **11** 예 나는 로봇이 인간의 삶을 행복하게 할 수는 없다고 생각한다. 로봇이 인간의 일을 대신해 줌으로써 편리해질 수는 있겠지만, 인간의 성취감을 빼앗고 삶을 나태하게 만들 수 있기 때문이다.

4 로봇이 사람의 일을 대신함으로써 인간의 삶은 어떻게 달라지게 될 것인지 생각해 봅니다.

6 로봇과 함께 생활하기 위해 인간이 꼭 갖추어야 할 점과 로봇 개발 시 최우선되어야 할 점이 무엇인지 생각해 봅니다.

134~135쪽

🔵 주제에 맞게 글 쓰기

1 처음 부분에 들어갈 내용을 간단히 정리해 보세요.

> 예 최근 다양한 기능을 가진 로봇들이 속속 개발되어 어느덧 우리 생활 깊숙이 자리 잡고 있고, 우리 생활을 편리하게 해 주고 있다.

2 가운데 부분에 들어갈 내용을 간단히 정리해 보세요.

> 예 나는 로봇이 인간의 삶을 행복하게 할 수는 없다고 생각한다.
> 첫째, 로봇은 원래 인간이 지시하는 것을 그대로 수행하도록 설계된 기계일 뿐이다. 스스로 생각할 수 없을 뿐만 아니라 무엇이 옳고 그른지 판단할 수 없다.
> 둘째, 로봇은 인간이 지시한 일을 처리하여 인간을 편리하게 하고 시간적 여유를 줄 수 있지만, 인간의 성취감을 빼앗고 삶을 나태하게 만들 수 있다.
> 셋째, 인간은 로봇에게 많은 일자리를 빼앗기게 되어 허무하게 나날을 보내게 될 것이다.

3 끝부분에 쓸 내용을 간단히 정리해 보세요.

> 예 미래에는 다양한 로봇이 개발되고 더 많은 사람이 이용하겠지만, 로봇은 인간의 삶을 행복하게 해 주지는 못할 것이다. 영화에서처럼 로봇의 지배를 받게 되거나, 일자리를 빼앗겨 허무하게 살아가지 않도록 로봇의 이점을 잘 활용하되, 그 한계를 잘 구분지어야 할 것이다.

4 **1**~**3**에서 정리한 내용을 바탕으로 하여 글을 쓰세요.

> 예 제목: 로봇이 인간의 삶을 행복하게 할 수는 없다
>
> 최근 산업용·의료용 로봇을 비롯하여 전쟁이나 재난 상황에서 인명을 구조해 내고 심지어 우주 개발을 하는 등 다양한 기능을 가진 로봇들이 속속 개발되고 우리 생활에 편리함을 주고 있다. 그야말로 우리 생활 깊숙이 로봇이 자리 잡고 있는 것이다. 그러나 이 로봇이 인간의 삶을 행복하게 할 것인지 생각해 볼 필요가 있다.
> 나는 로봇이 인간의 삶을 행복하게 할 수는 없다고 생각한다.
> 첫째, 로봇은 원래 인간이 지시하는 것을 그대로 수행하도록 설계된 기계일 뿐이다. 사람처럼 스스로 생각하여 행동할 수 없을 뿐만 아니라, 다양한 선택의 순간에서 무엇이 옳고 그른지 제대로 판단할 수 없다. 만일 로봇이 전쟁이나 약탈 등 나쁜 목적으로 이용될 경우에는 온 인류가 엄청난 피해를 입게 될 것이다.
> 둘째, 로봇은 인간이 지시한 일을 처리하여 인간을 편리하게 하고 시간적 여유를 줄 수 있다. 하지만 어떤 일을 처리하고 난 이후에 느낄 수 있는 성취감에서 오는 행복을 빼앗길 수 있고, 로봇을 의지한 나머지 인간의 삶이 나태해질 수 있다.
> 셋째, 로봇이 이제껏 인간이 해 오던 많은 일들을 대신 처리함으로써 일자리를 잃어버리는 사람이 많아질 것이다. 결국 자신감을 잃고 성취감도 떨어져 하루하루를 허무하게 보내게 될 수도 있다.
> 미래에는 다양한 로봇이 개발되고 더 많은 사람이 로봇을 이용하겠지만, 로봇은 감정의 동물인 인간의 삶을 행복하게 해 주지는 못할 것이다. 영화에서처럼 로봇의 지배를 받게 되거나, 일자리를 빼앗겨 허무하게 살아가지 않도록 로봇의 이점을 잘 활용하되, 그 한계를 잘 구분지어야 할 것이다.

독서 노트

내가 읽은 책은?

읽은 날짜 월 일

책 제목	게으름 귀신을 보내는 글	게으름도 때로는 이로움이 되나니
글쓴이	임제	성현

1 이 글을 읽고 기억에 남는 내용과 그 까닭을 쓰세요.

✔ 기억에 남는 내용

예 게으름 귀신이 선비의 깊은 뜻과 굳은 결심을 받아들이고 아쉬운 마음으로 선비를 떠나는 내용

✔ 그 까닭

예 장차 역사에 남을 인물이 되기로 결심하고 게으름 귀신을 떠나보내려는 선비의 마음도 이해되지만, 갑자기 선비 곁을 떠나게 된 게으름 귀신의 슬픔도 느껴졌기 때문이다.

2 이 글을 읽고 어떤 생각이나 느낌이 들었는지 쓰세요.

예 어릴 때부터 게으름을 멀리 하고 부지런하게 생활하는 습관을 들여야겠다는 생각이 들었다. / 게으름은 나쁜 것이라고만 생각했는데, 게으름도 때로는 이로움이 있다는 게 놀랍고 신기했다. / 매사에 너무 바쁘게만 지내지 말고 여유를 가지고 욕심 없이 생활하는 것도 필요하다는 생각이 들었다.

만족도 · 재미 · ★★★★★ · 지식 · ★★★★★ · 감동 · ★★★★★ 총 평점 ★★★★★

※ 가이드북 16쪽에 있는 예시 답안을 확인하세요.

내가 읽은 책은?

읽은 날짜 월 일

책 제목	모나리자
글쓴이	

1 이 글을 읽기 전 이미 알고 있던 내용과 글을 읽고 나서 새로 알게 된 내용을 쓰세요.

✔ 이미 알고 있던 내용

예 모나리자는 레오나르도 다빈치가 그린 그림으로, 루브르 박물관에 소장되어 있다는 것

✔ 새로 알게 된 내용

예 모나리자 입가의 옅은 미소가 신비하게 느껴지는 것은 사람의 시선이 이동함에 따라 표정이 바뀌게 만들어진 미술적 표현 때문이라는 것

2 이 글을 읽고 어떤 생각이나 느낌이 들었는지 쓰세요.

예 프랑스 루브르 박물관에 직접 찾아가서 내 눈으로 모나리자의 진가를 감상해 보고 싶다. / 신비한 미소를 짓고 있는 모나리자가 매력적으로 느껴진다. / 아직도 수많은 비밀과 소문에 휩싸여 있는 모나리자에 대해 좀 더 알아보고 싶다.

만족도 · 재미 · ★★★★★ · 지식 · ★★★★★ · 감동 · ★★★★★ 총 평점 ★★★★★

※ 가이드북 16쪽에 있는 예시 답안을 확인하세요.

내가 읽은 책은?

읽은 날짜 월 일

책 제목	갓
글쓴이	이덕무

1 이 글을 읽고 기억에 남는 내용과 그 까닭을 쓰세요.

✔ 기억에 남는 내용

예 갓의 값이 비싸서 갑자기 비를 만나면 갓을 겨드랑이에 끼고 한 손으로 상투를 잡고 허겁지겁 달려 갓을 보호하려고 했다는 내용

✔ 그 까닭

예 갓이 그렇게나 비쌌다니 놀랍기도 하고, 체면도 모르고 갓을 겨드랑이에 넣고 달리는 선비의 모습을 상상하니 우습기도 하고 안쓰럽기도 하기 때문이다.

2 이 글을 읽고 어떤 생각이나 느낌이 들었는지 쓰세요.

예 과거 갓의 폐단에서처럼 격식에 얽매여 우리 생활에서 불편함이 느껴지는 것이 있다면 국민 청원을 해서라도 바로잡아야겠다는 생각이 들었다. / 전통을 지키는 것도 중요하지만 실제 생활에 맞춰 관습이나 풍습을 고쳐 나가는 것이 중요하다는 생각이 들었다.

만족도 · 재미 · ★★★★★ · 지식 · ★★★★★ · 감동 · ★★★★★ 총 평점 ★★★★★

※ 가이드북 16쪽에 있는 예시 답안을 확인하세요.

내가 읽은 책은?

읽은 날짜 월 일

책 제목	동백꽃
글쓴이	김유정

1 이 글을 읽고 기억에 남는 장면과 그 까닭을 쓰세요.

✔ 기억에 남는 장면

예 '나'와 점순이가 겹쳐서 쓰러지며 한창 퍼드러진 노란 동백꽃 속으로 폭 파묻히는 장면

✔ 그 까닭

예 '나'와 점순이 사이에 아름다운 사랑의 감정이 생겨나는 부분이기 때문이다.

2 이 글을 읽고 어떤 생각이나 느낌이 들었는지 쓰세요.

예 '나'에게 감자를 거절당한 분풀이로 닭싸움을 벌인 점순이의 행동이 유치하기도 하고 한편으로는 이해가 가기도 했다. / 자신을 좋아하는 점순이의 마음을 눈치채지 못하는 '나'가 답답하게 느껴졌다. / 시골 마을에 가서 자연과 어울려 자유롭게 살아 보고 싶다는 생각이 들었다.

만족도 · 재미 · ★★★★★ · 지식 · ★★★★★ · 감동 · ★★★★★ 총 평점 ★★★★★

※ 가이드북 16쪽에 있는 예시 답안을 확인하세요.

기적의 학습서
오늘도 한 뼘 자랐습니다